Eveline Schulze

Liebesmord

Authentische Kriminalfälle aus der DDR

Das Neue Berlin

ISBN 978-3-360-02106-9

1. Auflage

Umschlaggestaltung: Buchgut, Berlin, unter Verwendung
eines Motivs von picture alliance/Trigger Image
Fotos: Archiv der Autorin
Druck und Bindung: CPI Moravia Books GmbH

Ein Verlagsverzeichnis schicken wir Ihnen gern:
Das Neue Berlin Verlagsgesellschaft mbH
Neue Grünstr. 18, 10179 Berlin
Tel. 01805/30 99 99
(0,14 Euro/Min., Mobil max. 0,42 Euro/Min.)

Die Bücher des Verlages Das Neue Berlin
erscheinen in der Eulenspiegel Verlagsgruppe

www.das-neue-berlin.de

Vatermord

Das Messer dringt fast ohne Widerstand ein. Kein Knochen stoppt die Klinge. Bis zum Heft gleitet sie in den Oberkörper. Er hat nicht gezielt, nur zugestoßen. Mit ganzer Kraft. Zwölf, fünfzehn Zentimeter rutschte der Stahl durchs Unterhemd in den massigen Brustkorb. Er ist darüber nicht weniger überrascht als der Mann, in welchem jetzt das Küchenmesser steckt. Der Mann ist sein Vater. Aus dem Mund kommt kein Ton. Dann kippt er nach vorn über. Wie in Zeitlupe. Im Fallen reißt er Geschirr vom Tisch. Es klirrt und scheppert. Er schiebt sich im Sturz noch das Hemd bis zu den Brustwarzen hoch und presst sich die Hand auf die Wunde, aus der etwas Blut tropft. Der Mann stöhnt ein wenig. Zuckt. Dann ist es still. Nur das Ticken der Uhr auf dem Küchenschrank füllt den Raum. Sonst nichts. Ein Vakuum der Ruhe.

Auch in Norberts Kopf herrscht plötzlich Leere. Bis vor wenigen Minuten tobte dort Hass. Ein Schlachtfeld der Gefühle. Nun aber ist dort nichts mehr. Wie ein Fernseher, den man abgeschaltet hat. Die Mattscheibe ist schwarz und tot. Stand das, was eben geschah, auf dem vorgedruckten und besprochenen Programm? Was war für Samstag, den 23. März 1973, in Görlitz geplant?

Der Zwanzigjährige steht und mustert den Mann zu seinen Füßen. Zum ersten Mal in seinem Leben sieht er einen Toten. Hatte er ihn sich so vorgestellt? Natürlich nicht. Wie sollte er auch. Das war ja nicht geplant. Er hatte sich doch nicht über den Abwasch gemacht mit der Absicht, nebenbei seinen Vater zu erstechen. Er war zuvor bei der Mutter. Sie lag im Bett. Der Kerl, mit dem sie seit über zwei Jahrzehnten verheiratet war, hatte sie mal wieder geprügelt. Ohne Anlass. Einfach so. Wobei: Was sollte es überhaupt für einen Grund geben, einen Menschen zu schlagen? Keinen. Noch dazu eine Frau. Die keine fünfzig Kilo wiegt. Ein Spatz neben dieser Übelkrähe. Nicht nur Mitleid nimmt ihn für sie ein. Es ist seine Mutter. Er liebt sie. Und leidet mit ihr, wenn der Vater sie prügelt. So lange er denken kann, schlägt er sie.

»Was ist los?«

Ihre Stimme kommt schwach aus dem Schlafzimmer. Sie reißt den jungen Mann aus seiner Starre. Langsam kommt er zu sich, das Hirn nimmt nach der Schrecksekunde seine Arbeit wieder auf.

»Nichts«, sagt er. »Alles in Ordnung.« Er macht eine Drehung und setzt sich in Bewegung. Wie ein Roboter geht er hinüber.

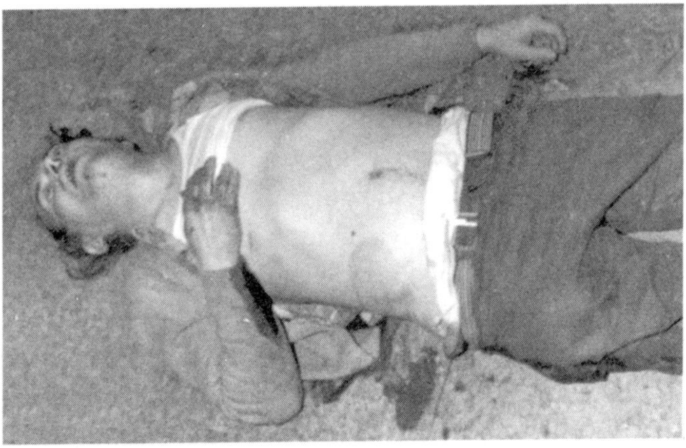

Brückners Leiche in der Küche

»Ich hatte schon gedacht, er schlägt dich tot. Nach diesem Gebrüll und seinem Gebell.«

Norbert lässt sich langsam auf die Bettkante nieder.

»Er ist tot.«

»Wer?«

Die Frage ist unnötig. Nur die beiden Männer waren in der Küche. Wenn der Sohn neben ihr sitzt, muss also der andere hinüber sein. So will es die Logik.

»Er.«

Die Frau nickt und schweigt.

»Es ist vorbei.«

Sie schweigt noch immer. Ist sie erleichtert, gar befreit? Kann sie aufatmen? Ihr Gesicht auf dem weißen Kopfkissen verrät nicht, was hinter der Stirn vorgeht. Keine Regung, nichts. Ein blasses Antlitz, aus dem eine spitze Nase hervorsticht. Und ein blaugrüner Fleck auf dem linken Jochbein. Das eine Augenlid ist geschwollen, es bleibt geschlossen. Das andere Auge, das zur Zimmerdecke starrt, ist blutunterlaufen.

Norberts Blick geht in unbestimmte Ferne. »Es ist vorbei«, sagt er noch einmal. Erleichterung klingt anders.

»Was war denn los? Ich habe nur den Krach gehört«, sagt die Mutter.

Der Sohn schweigt. Und schaut in die Weite. Er hat die Frage durchaus vernommen. Aber er will nicht antworten. Es war doch wie immer. Der Alte hatte sich an der Flasche festgehalten und sein Samstagnachmittagbier getrunken, mit der er sich den Staub der Arbeitswoche, den ganzen Dreck, wie er sagte, hinunterspült. Er war Meister im VEB Waggonbau, dem größten Betrieb in der Stadt. Auch Norbert war dort als Werkzeugmacher beschäftigt.

Der Alte trank um diese Zeit stets sein Bier, um anschließend hinüber in seine Werkstatt zu gehen, wie er die hergerichtete Kammer neben dem Schlafzimmer nannte. Die Samstage waren so ritualisiert wie die Sonntage. Das Programm lief mit der Unerbittlichkeit eines Uhrwerks ab. Zusammenstöße mit der Familie inklusive.

Während sich Norbert über den Abwasch machte, köpfte der Alte sein Landskron an der Tischkante. Die wies die Spuren unzähliger aufgeschlagener Kronkorken auf. Der Metalldeckel fiel zu Boden und klingelte ein wenig, ehe er liegen blieb.

»Kannst du nicht den Flaschenöffner nehmen«, sagte Norbert und beugte sich über die Spüle.

»Was willst du Klugscheißer? Willst du deinem Vater etwa Vorschriften machen?«

Die Reaktion war die übliche.

»Die Tischplatte ist im Eimer.«

»Na und? Ich hab sie bezahlt.«

»Du musst den Tisch darum aber nicht vorsätzlich ramponieren.«

»Hör mal zu, du Versager.« Der Mann schraubte sich in die Höhe und machte einige Schritte auf Norbert zu. »Ungedient, und im Betrieb reißt du auch keine Bäume aus: Du halt mal schön die Klappe.« Er nahm einen Schluck aus der Flasche.

Norbert schluckte auch. Er spürte, wie die Galle in ihm aufstieg und zwang sich zur Beherrschung. »Was hat das mit unserem Küchentisch zu tun?« Er drehte sich um und starrte seinem Vater ins Gesicht. Der hatte sich vor ihm aufgebaut. Spott umspielte die Mundwinkel, in den Augen waren Hohn, Hochmut und Herrschsucht zu erkennen. Norbert kannte diesen Blick, und auch dafür hasste er diesen Mann. Er offenbarte, was sein Vater von ihm hielt. Er verabscheute diesen Mann, der ihn gezeugt hatte. Die Zähne standen diesem Schläger und Säufer auseinander und wiesen Lücken auf wie ein Staketenzaun. Und dann diese hohe Stirn, die er mit einer langen Haarsträhne zu kaschieren suchte. Sie nahm ihren Ausgang oberhalb des linken Ohrs und endete an der rechten Schläfe. Wenn der Wind blies, stand die Strähne wie ein Gebüsch in die Höhe und gab die Blöße preis. Das war lächerlich. Und als Norbert darüber einmal lauthals lachte, bekam er eine gelangt. Wie immer, wenn dem Vater etwas missfiel. Oder wenn ihm danach war. Links, rechts. Dann brannten die Ohren rot, und die Wangen schmerzten. Norbert hatte beizeiten gelernt, sich dem Vater nicht weiter zu nähern, als dessen Arme reichten. Kein Schritt zuviel. Die Distanz war nicht nur eine räumliche.

Der Mund des Mannes öffnete sich zu einem abfälligen Grinsen, der Staketenzaun aus gelblichen Zähnen wurde sichtbar. Bierdunst wehte ihn an. »Du Wichser.«

Da hatte er zugestochen.

Mitten hinein in diesen Kerl, der nachlässig sein Hemd übergeworfen und nicht zugeknöpft hatte. Wie ihn das abstieß! Natürlich konnte sich der Alte zu Hause etwas lockerer als im Betrieb geben. Das Recht hatte er. Aber die Missachtung anderer schwang selbst in der Blöße mit. Mich interessiert nicht, was ihr über mich denkt, signalisierte das Unterhemd. Ihr könnt mich mal. Fast schien es so, dass er sich einen Jux daraus machte, so auch bei Tisch seine Suppe zu löffeln. Der Patron provozierte. Er war sein eigener Kosmos und stets auf Krawall gebürstet. Unter dem Firnis formaler Höflichkeit, die er außerhalb seiner vier Wände pflegte, wohnte der Jähzorn. Ein Choleriker, der seinem Bedürfnis zwanghaft nachkam, sobald er die Schwelle seiner Wohnung überschritten hatte. Selbst ein Fliegenschiss auf dem Garderobenspiegel lieferte Anlass für einen Wutausbruch. Allerdings störten ihn nur die Fehler der anderen. Die eigenen nahm er nicht wahr. Er war vollkommen. Wie man es von Werkzeugmachern erwartete: korrekt, präzise, pflichtbewusst, diszipliniert. Fast könnte man meinen, dass er die von ihm erwartete oder sich in Selbstverpflichtung auferlegte Rolle daheim absichtlich konterkarierte. Er kompensierte die Pflicht durch Müßiggang, die Disziplin durch Disziplinlosigkeit.

Norbert hasste ihn dafür. Sein Unmut wurzelte nicht nur in dem klassischen Vater-Sohn-Konflikt, der in jeder Familie auftrat. Die Heranwachsenden nabeln sich ab und gehen auf Distanz. Zur Ablösung gehört der Schwur: Nie will ich so werden wie der! Das legt sich mit der Zeit. Wenn sie selber eine Familie haben und über eine gewisse Lebenserfahrung verfügen, relativiert sich solch Urteil. In diesem Falle jedoch war das Verhältnis irreparabel. Die finale Beendigung dieses Konflikts folgte einem Automatismus. Die Lösung war nicht alternativlos, aber durchaus denkbar. Nicht zwingend, aber sehr wahrscheinlich. So würden die psychologischen Gutachter später urteilen. Norbert selbst war weder damals noch später zu einer solchen Analyse fähig. Nicht weil er damit intellektuell überfordert gewesen wäre, keineswegs. Seine Gefühle ließen es nicht zu. Er konnte nicht neben sich treten.

Nachdem der Alte verröchelt war, hielt er noch immer das Messer mit der gezackten Klinge in der Hand. Sie war nur leicht blutig. Kein Schlachtermesser, von dem es rot tropfte. Darauf achtete er allerdings nicht. Erst als die Mutter ihn rief, bemerkte er das Messer in seiner Hand. Auf dem Weg ins Schlafzimmer legte er es auf die Anrichte neben dem Syphon ab. Die Wasserspender waren unlängst in Mode gekommen. Jeder, der in die benachbarte Tschechoslowakei fuhr, brachte sich so ein Aluminiumgefäß mit. Man füllte Wasser ein und schraubte im Kopf eine mit Kohlendioxid gefüllte Metallpatrone auf einen Dorn. Drückte man danach auf einen Bügel, schoss sprudelndes Wasser ins Glas. Das war chic. Was machte es, dass das Behältnis nur einen Liter fasste und die Beschaffung der Patronen auch dann noch beschwerlich war, als die DDR den Syphon in die eigene Konsumgüterproduktion aufnahm?

Norbert ließ das vom Vater geschärfte Küchenmesser – das Schleifen der Haushaltsmesser gehörte zu seinen vornehmsten Übungen – achtlos auf einen Stapel Papiere fallen. Zuoberst lag das Fahrschulbuch. Er war gerade dabei, nach Feierabend im Betrieb den Führerschein. Die Grundorganisation der Gesellschaft für Sport und Technik bot diese Möglichkeit für 15 Mark. Natürlich sollte die GST auf diese Weise künftige Militärkraftfahrer ausbilden, aber es war unerheblich, ob einer anschließend zur Armee ging oder nicht. Wer fahren wollte, konnte es. Auch wenn es schwer war, anschließend ein Auto zu bekommen. Aber vielleicht würde er gemeinsam mit Regina, die er im Sommer heiraten wollte, sich eins zusammensparen können.

Die Tatwaffe auf der Anrichte: ein Küchenmesser

»Und nun?« Seine Mutter meldet sich wieder und holt ihn mit der Frage in die Wirklichkeit zurück.

Norbert lauscht der Frage nach. »Ich weiß nicht«, sagt er nach einer Weile.

»Du musst die Polizei anrufen.«

Er dreht den Kopf in ihre Richtung. Das Gesicht ist blass, der Blick leer.

»Muss ich das wirklich?«

»Ja, selbstverständlich. Es war Notwehr. Ich kann es bezeugen.«

»Ich habe ihn umgebracht. Erstochen. Er ist tot. Da gibt es kein Vergeben und Vergessen.«

»Geh, ruf an«, fordert ihn nun die Mutter auf.

Norbert nickt. Er weiß, dass es auch für ihn das Beste ist. An die Stelle kurzzeitiger Erleichterung, das Scheusal losgeworden zu sein, ist nun die Angst getreten. Die Furcht vor den Folgen füllt ihn gänzlich aus. Je klarer er im Kopf wird, desto deutlicher wird ihm das Szenario, das nun kommt. Er nickt noch einmal wie zur Bekräftigung und erhebt sich vom Bett. Wie ein alter Mann schlurft er in den Flur. Er greift sich die Jacke an der Garderobe und streift sie sich über. Er spürt das Klimpergeld in der Tasche und holt es hervor. Zwei Groschen sind dabei.

Ohne einen Blick in die Küche zu werfen, verlässt er die Wohnung und stolpert die Treppe hinunter. Draußen schlägt ihm kalter Regen ins Gesicht, doch er spürt ihn nicht. Der Platz vorm Haus ist menschenleer. Er setzt mechanisch Fuß vor Fuß, und auch sein Kopf neigt sich automatisch nach vorn, um nicht die Tropfen ins Gesicht zu bekommen. Der nächste Münzer steht dort, wo die Busse abfahren. Keine dreihundert Meter von hier. Nobert stemmt sich dem Wind entgegen und drückt die Hände noch tiefer in die Hosentasche. Langsam kehren die Sinne zurück. Das gelbe Telefonhäuschen ist schon von weitem zu sehen. Einige Busse stehen abseits. Die Fahrer warten auf ihren Einsatz und dösen hinterm Lenkrad. Die meisten verfolgen vermutlich im Radio die Konferenzschaltung von den Oberligaspielen. Kaum einer, der nicht für Dynamo Dresden aus der Bezirksstadt fiebert. Auch Norbert drückt der Mannschaft die Daumen. Die Mannschaft spielt den elegantesten Fußball in der DDR. Alle anderen Klubs und Vereine spielen Rumpelfußball.

Er reißt die Tür der Telefonzelle auf. Mit der Rechten langt er nach dem Hörer, mit der Linken fingert er die beiden Münzen aus der Tasche und schiebt sie in den Schlitz. Jetzt kann es ihm plötzlich nicht schnell genug gehen. Und außerdem: Wenn er, wie nun geschehen, auf der Drehscheibe 110 wählt, braucht er den Automaten nicht mit Münzen zu füttern. Der Polizeiruf ist gratis, die Feuerwehr mit 112 ebenso wie die dringende medizinische Hilfe unter der 115.

Norbert presst das Ohr an die schwarze Muschel. Er hört das Freizeichen. Einmal, zweimal. Dann meldet sich eine schnarrende Stimme.

»Volkspolizeikreisamt. Um was geht's?«

»Ich will einen Mord anzeigen.«

Am anderen Ende der Leitung herrscht Schweigen.

»Haben Sie verstanden?«

»Eh, hm, ja. Teilnehmer, habe ich Sie richtig verstanden? Sie wollen einen Mord zur Anzeige bringen?«

»Ja.«

»Sie heißen?«

»Norbert Brückner.«

»Und wo ist das passiert?

Norbert nennt Straße und Hausnummer. »Das ist unweit des Busbahnhofs, wo ich gerade bin.«

Schniefend nimmt der Polizist seine Daten auf. Dann, nach dem letzten Punkt, meldet er sich wieder. »So, Sie gehen jetzt wieder nach Hause und warten vor der Tür. Ich schicke sofort jemanden vorbei. Und Sie sind sich absolut sicher, dass der Tote auch wirklich tot ist? Ich meine, wir brauchen keinen SMH oder so?«

Norbert schüttelt den Kopf. Nein, die Schnelle Medizinische Hilfe sei nicht mehr vonnöten, da sei er sich absolut sicher. Dann hängt er auf.

Während er zurücktrottet, löst sein Anruf im VPKA einigen Unmut aus. Es ist Wochenende und kurz vor Schichtwechsel. Da will man in Ruhe gelassen werden.

Im Dienstzimmer des Polizeireviers wacht Obermeister Karl Zube vor sich hin. Nur mit einem Ohr verfolgt er die Fußballübertragung im Radio. Er ist schon längst mit seinen Gedanken zu Hause, als die Tür aufgerissen wird.

»Kalle, heb den Arsch. Einsatz.«

Der Angesprochene dreht bedächtig den Kopf zur Tür. Der Stiernacken bekommt eine Wulst mehr. »Sachte, sachte, Fritz.«

Er weiß, dass es seinem Kollegen überhaupt nicht passt, wenn man ihn so ruft. Friedrich will lieber Friedel genannt werden, das klingt weniger preußisch und hart. »Um was geht's?«

»Mord.«

»Ist nicht mein Bier. Das ist was für die K, ich habe außerdem gleich Feierabend.«

»Erstens ist es noch eine Stunde hin bis Dienstschluss, zweitens wird jemand von der K die Sache aufnehmen, du wirst nur zur Begleitung mitfahren. Danach kannst du dich ins Wochenende verdrücken.«

»Wer hat bei der K Dienst?«

»Gerlach.«

Der erscheint wie auf Stichwort. »Na, was gibt's?« Der Oberleutnant ist bester Laune, geradezu aufgedreht. Kein Wunder, seine Schicht fängt erst an. Und vielleicht hatte der Dreißigjährige eine angenehmen freien Tag hinter sich.

»Etwas, was wir nicht alle Tage in Görlitz haben: einen Mord.«

Gerlach schaut ungläubig.

»Ja, richtig gehört«, bekräftigt Zube.

Und als müsse der Diensthabende die Nachricht ein wenig freundlicher garnieren, schiebt er nach. »Ist ein Selbststeller. Ich denke, es handelt sich um einen einfachen Fall. Fahrt mal hin und schaut euch alles an.

Wenn es sich so verhält, könnt ihr das volle Programm per Funk bestellen.«

Zube greift sich die Schirmmütze, hängt sich die Diensttasche um und schließt das Koppel, an dem die Dienstwaffe hängt. Gerlach, der Zivil trägt, verfolgt nahezu amüsiert die Aufrüstung des Genossen Obermeisters. »Na, haben wir auch nichts vergessen?«

»Verscheißern kann ich mich auch allein«, antwortet Zube und tritt kräftig mit den Stiefeln auf. Er hatte sich vor einer Stunde Marscherleichterung befohlen und die Fersen aus dem Fußbett gehoben. Jetzt bringt er sie wieder in Form. »Abmarsch.«

»Wir fahren mit meinem Wartburg«, sagt Gerlach und ahnt nicht, wie sehr er seinen Genossen mit dieser läppischen Bemerkung verletzt. Der hat nämlich kein Dienstfahrzeug, obwohl zu seiner Dienststellung ein Fahrzeug gehörte. Aber die Decke ist kurz wie überall. Außerdem war man in Dresden, wo man den Mangel verwaltete, sich einig: Trotz Dienstsport werden unsere Genossen immer fetter, da kann ein wenig Bewegung nicht schaden. So hatte man natürlich vor Ort nicht argumentiert, sondern politisch-ideologische Argumente vorgetragen. Erst waren es die Disproportionen in der Volkswirtschaft, die gemeinschaftlich und mit Verzicht überwunden werden mussten, dann waren es die Vorbereitungen auf die Weltfestspiele in Berlin im Sommer. Erst war Ulbricht daran Schuld, dann der Weltfrieden, weshalb Zube kein Dienstauto kriegte. Was erzählte man ihnen als nächstes als Grund der Entsagung? Der 25. Geburtstag der DDR vielleicht, welcher im nächsten Jahr gefeiert werden würde? Schon jetzt ahnte er die Kampagne zum 7. Oktober, die bestimmt unmittelbar nach den Weltfestspielen anlaufen würde. Kein Monat verging, in welchem propagandistische Flaute geherrscht hätte.

Zube lief Gerlach hinterdrein. Im Hof des Volkspolizeikreisamtes stand die ganze Dienstwagenflotte. Grünweiß lackierte Wolgas und Moskwitsche mit Polizeistern, zwei tiefgrüne Barkasse sowie neutrale Wartburgs in Kackbraun. Es war eine belämmerte Farbe, aber diese Farbpigmente für den Lack mussten nicht aus dem Westen für Devisen importiert werden. Die kriegte man in Wolfen irgendwie zusammengerührt. Zube wäre die Farbe scheißegal, wie sein Wagen lackiert sein würde, Hauptsache, er bekäme einen fahrbaren Untersatz. Nicht aus Prestigegründen, Gott bewahre. Aber er geht auf die 50 zu, und die jahrelangen Streifendienste als Schutzpolizist stecken ihm in den Gliedern. Ein wenig Bequemlichkeit auf seine alten Tage ist doch nicht zuviel verlangt. Oder?

Gerlach sperrt die Dienstmöhre in Braun auf, schwingt sich auf den Fahrersitz und beugt sich hinüber, um den Verriegelungsstift in der Beifahrertür zu heben. Zube, der geduldig gewartet hat, öffnet die Tür und schiebt sich ächzend auf den Sitz. Gerlach mustert ihn spöttisch von der Seite. »Solltest mal deine Knochen ölen, Genosse.«

»Ich sauf mich schon jeden Samstag ins Koma«, knirscht Zube verärgert und starrt durch die Windschutzscheibe. »Nun fahr endlich los. Ich will nach Hause.« Der Regenhimmel ist inzwischen noch grauer geworden, es wird schon Abend, bevor es Tag wurde.

Zube dirigiert Gerlach, obwohl dieser das Viertel kennt, in welchem sie erwartet werden. Straßenzüge mit Zweigeschossern an der Peripherie der Altstadt. Die wurden um die Jahrhundertwende hochgezogen, als die Industrie nach Görlitz kam und mit ihnen die Proleten, die Obdach brauchten. Die Wohnungen sind eng und ohne jeglichen Komfort, wer die Zuweisung für eine Neubauwohnung erhält, preist sich glücklich, hier wegziehen zu können. Zentralheizung und warmes Wasser aus der Wand, eine eigene Badewanne und dazu noch ein Klo in den vier Wänden.

»Das ist er vermutlich«, sagt Zube und zeigt auf einen jungen Mann, der einsam und verlassen vor einem Hauseingang auf dem Bürgersteig steht. Dessen Jacke und die Hose sind dunkel vor Nässe. »Armer Irrer«, zischt Zube. »Der hätte auch im Hauseingang auf uns warten können.«

Gerlach winkt ab. »Wenn er der Täter war, steht er momentan neben sich. Der merkt nicht mal, wenn ihm die Schuhe voll laufen.« Er blinkt, fährt rechts ran und stoppt. »Na, dann wollen wir mal.«

Rechts das Wohnhaus am Demianiplatz, in welchem der Mord geschah. Aufnahme aus dem Jahr 2010

Zube quält sich ins Freie, setzt sich die Dienstmütze auf und drückt den Verriegelungsstift. Dann wirft er mit Schwung die Tür zu. Es scheppert blechern. Er hatte mal in einem Hollywood-Film gesehen oder besser gehört, wie mit einem satten »Plop« die Autotür zufiel. Ein volles, warmes Geräusch. Allein das vermittelte Wohlbefinden. Er war damals überrascht, wie mit wenigen psychologischen Tricks dieses kapitalistische System den Menschen Heimeligkeit zu suggerieren vermochte. Ein Auto hatte in erster Linie einen Nutzwert, man bewegte damit seinen Arsch von A nach B. Da war es unerheblich, ob die Karre aus Blech oder Plaste, ob die Sitze aus Plüsch oder Synthetik waren. Mehr als von A nach B zu gelangen war weder nötig noch drin. Aber der Kult, den man damit machen konnte, das Lebensgefühl, das damit zu vermitteln war: erstaunlich, erstaunlich.

»Sind Sie Herr Brückner? Norbert Brückner?«

Der Angesprochene nickt.

»Ich bin Obermeister Zube und das ist Oberleutnant Gerlach.« Er zeigt auf den Mann, der hinter dem Pkw hervorkommt.

»Oberleutnant der K«, ergänzt der. »Soviel Zeit muss sein.« Sein leichtes Grienen zerfließt im Märzregen. »Wir sollten hineingehen.«

Brückner sperrt wortlos die Haustür auf.

»Gehen Sie ruhig voran«, sagt Gerlach. Die Ansage ist überflüssig, der junge Mann steigt ohnehin bereits die Treppe hoch. Im Treppenhaus hängt der Geruch von Jahrzehnten. Diese Mischung aus Kohlsuppe und Kloake, Bohnerwachs und Bratenduft wohnt in allen Mietshäusern, egal, welche Währung gerade in Umlauf ist und welche Fahne auf dem Rathaus weht. Der

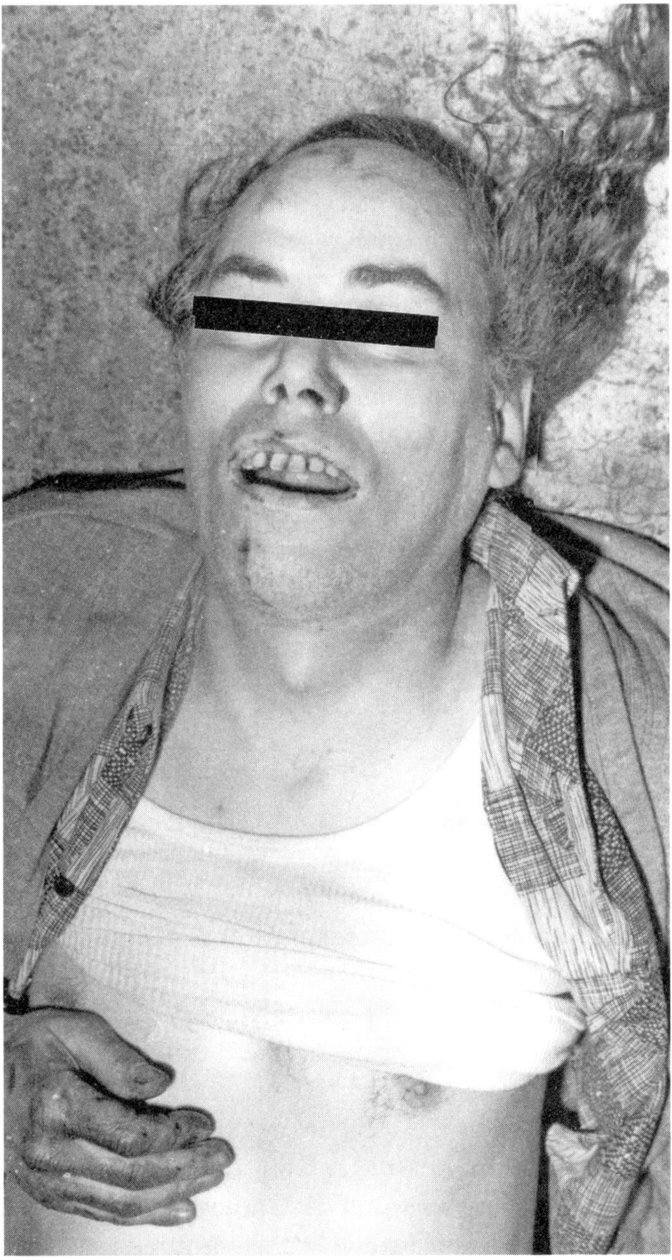

Gerhard Brückner, wie ihn die Polizei vorfand

Geruch von Jahrzehnten haftet in allen Ritzen und verlöre sich nicht, selbst wenn wochenlang gelüftet werden würde.

Die drei Männer stapfen hinauf ins Obergeschoss. Norbert Brückner schweigt noch immer. Er öffnet die Wohnungstür, die beiden folgen in den Flur. Gerlach sieht die auf dem Fußboden hingestreckte Leiche. Zube schaut ihm über die Schulter und wendet angewidert den Blick. Ach du heiliges Kanonenrohr, denkt er, der ist wirklich mausetot. Gerlach geht in die Hocke. Zube lässt ihn allein und wandert im Flur weiter. Eine Tür ist geöffnet, dort verschwand auch Brückner. Es ist, wie unschwer festzustellen, das Schlafzimmer. Auf der einen Seite des Doppelbetts liegt eine Frau. Auf der Bettkante sitzt Brückner.

»Guten Tag«, sagt Zube und führt seine gestreckte rechte Hand grüßend zum Mützenschirm. »Obermeister Zube. Sind Sie die Ehefrau des … des Verstorbenen?«

Der Kopf im Kissen bewegt sich leicht.

»Es war Notwehr.«

»Ja, das werden wir noch ermitteln.«

»Genosse Zube!«

Die Stimme aus der Küche klingt befehlsgewohnt.

»Komme«, antwortet der Gerufene.

»Sie informieren die Kriminaltechnik, den diensthabenden Staatsanwalt, Notarzt und Bestattung.«

»Hm.«

»Wie bitte?«

Gerlachs Stimme ist jetzt dienstlich. Der kollegialvertrauliche Umgangston hat sich verflüchtigt. Er ist jetzt der verlängerte Arm von Recht und Gesetz. Also handelt er offiziell. Mit allen Konsequenzen.

»Zu Befehl, Genosse Oberleutnant. Ich informiere über Funk die Kriminaltechniker, den diensthabenden Staatsanwalt, den Notarzt in der Klinik, damit der den Totenschein ausstellt, und das Bestattungsunternehmen, damit es die Leiche nach Dresden in die Pathologie überführt.«

Gerlach nickt. »Tun Sie es, Genosse. Ich werde mich so lange mit dem Täter unterhalten.

»Der ist nebenan bei seiner Mutter«, sagt Zube und neigt seinen massigen Schädel in die Richtung des Schlafzimmers. Gerlach erhebt sich und drückt Zube die Autoschlüssel in die Hand. »Mit dem Funkgerät kannst du doch umgehen. Oder?

Zube nickt. Das mussten doch damals alle lernen, als die ersten mit Funk ausgestatteten Fahrzeuge ins VPKA kamen. Da war an Gerlach noch lange nicht zu denken.

Er schlüpft nach draußen und lehnt die Tür an. Gerlach geht ins Schlafzimmer.

»Frau Brückner, ich leite die Untersuchung. Mein Name ist Gerlach. Sie waren in der Wohnung, als Ihr Mann starb?«

»Das habe ich doch bereits Ihrem Kollegen gesagt. Es war Notwehr.«

»Waren Sie in der Küche?

Sie schüttelt den Kopf. »Ich lag hier im Bett.«

»Woher wollen Sie dann wissen, dass es Notwehr war?«

»Ich war mit diesem Scheusal zwanzig Jahre verheiratet. Muss ich dazu mehr sagen?«

»Ich fürchte ja. Aber Sie müssen es nicht jetzt und hier tun. Erzählen Sie es dem Staatsanwalt, der gleich kommen wird, und später dem Richter. Sie wissen, dass es ein Verfahren geben wird.« In Gerlachs Stimme hat sich ein warmer Unterton geschlichen. Fast schwingt Mitleid mit. Er hat ein Gespür für die Umstände. Die Wohnung, dass sah er auf den ersten Blick, ist sauber und ordentlich. Nichts deutet auf ein Familiendrama – sieht man von der Leiche nebenan ab und von den Spuren im Gesicht der Frau. Hier wurde nur hinter der Wohnungstür gelitten, nicht draußen. Die Fassade war tadellos. Der Schein einer intakten Familie wurde gepflegt – von allen Beteiligten.

»Was ist das?« Gerlach deutet auf sein Gesicht, obgleich er das der Frau meint. »Sind das Spuren von Schlägen? Hat Ihr Mann Sie geprügelt?« Die Frau starrt zur Decke und schweigt.

»Natürlich hat er sie geschlagen. Egal, ob nüchtern oder im Suff. Es hat ihm Spaß gemacht, meine Mutter zu quälen, dieses brutale Schwein. Jetzt ist es endlich vorbei, nicht wahr?« Norbert Brückner langt nach der Hand seiner Mutter und streichelt diese. Die Frau schweigt noch immer, der Blick scheint an der Decke festgenagelt.

Nachdem er die ganze Zeit geschwiegen hat, bricht es jetzt aus dem jungen Mann heraus. Wortkaskaden perlen von seinen trockenen Lippen. Brückner kennt das. Sie haben das auch an der Schule durchgenommen. Nach der Phase der Fassungslosigkeit kommt die Rechtfertigung. Weniger gegenüber Dritten, sondern gegenüber sich selbst. Der Täter, wohl wissend, was nunmehr auf ihn zukommt, erklärt sich, dass er nicht anders handeln konnte. Mehr noch, dass er genauso handeln musste. Es gab keine Alternative. Darum war es nicht nur gut, was er tat, sondern auch richtig.

»Verstehen Sie?«

Gerlach hatte nicht zugehört, in Gedanken war er wo anders. Trotzdem nickte er. Hatte er Mitleid oder Verständnis? Nein, er war völlig emotionslos, wie er erstaunt bemerkte. Aber das musste man in diesem Job auch sein. Gefühle waren da wenig hilfreich.

An der Wohnungstür waren Geräusche zu vernehmen. Er ging in den Flur.

»Ah, die Verstärkung.« Die Ärztin, eine zierliche Frau mittleren Alters, reicht ihm die Hand und nennt ihren Namen. In ihrem Schlepptau sind der Staatsanwalt und die Kriminaltechniker. Als letzter kommt Zube. Er schließt die Tür. Wie zur Erklärung informiert er Gerlach, dass der Leichenwagen in etwa einer Stunde käme. Wobei die eigentliche Botschaft lautet: Ich habe meinen Job getan, meine Schicht ist gelaufen. Doch Gerlach überhört das geflissentlich.

Gemeinsam mit der Ärztin begutachtet er die Leiche. Unterdessen holen die Kriminaltechniker ihr Werkzeug aus den Koffern. Kameras, Lampen, Schilder mit Ziffern, Puderpinsel zur Feststellung von Fingerabdrücken ... Dabei ist das meiste überflüssig, weil alles eindeutig und klar ist. Die Ärztin kommt zu keinem anderen Schluss. »Selbsttötung ist ausgeschlossen. Da muss die Morduntersuchungskommission aus Dresden ran.«

Gerlach grient. »Die MUK habe ich schon vom VPKA aus informiert, die sind schon unterwegs.«

»Und warum haben Sie mich da kommen lassen?«

Charmeur Gerlach setzt ein unschuldiges Gesicht auf. »Ich wollte Sie mal wieder sehen!«

Die Ärztin macht eine abwehrende Geste. »Ich schreibe den Totenschein aus. Gibt es sonst noch etwas für mich hier zu tun?«

»Nebenan liegt die Frau des Getöteten im Bett. Ich denke, Sie sollten mal nach ihr schauen.«

Die Medizinerin setzt sich an den Küchentisch und füllt das Formular aus, wie es die Ordnung verlangt. Ort und Zeitpunkt des Todes, vermutliche Todesursache etc., Näheres nach der Obduktion, die hiermit angeordnet wird. »Ja, mach ich gleich«, sagt sie.

Der Staatsanwalt verabschiedet sich. Er müsse ins Gericht, den Haftbefehl ausfertigen lassen.

»Den bringt doch die MUK mit«, meint Gerlach. Doch wann diese hier eintrifft, wissen die Götter. Von Dresden bis Görlitz ist es eine ganze Ecke.

Noch ehe der Staatsanwalt aus dem Gericht zurück ist, rumpelt die MUK mit ihren Karren die Steintreppe herauf. Türen öffnen sich, neugierig stecken die Anwohner die Nase heraus. Nun merkt auch der Letzte, dass irgendetwas im Hause geschehen sein muss. Draußen parkt ein halbes Dutzend Fahrzeuge auf der Straße. »Was ist denn passiert?«, fragt der eine oder andere, doch Antwort wird ihm nicht zuteil. Die Befragten schweigen: weil sie es nicht wissen, oder weil es vorgeschrieben ist, nichts zu sagen. Selbst ein privater Mord gilt hierzulande als Staatsgeheimnis, solange es nicht in der Zeitung steht. Und dort steht es erst, wenn höheren Orts befunden wurde, ob »unseren Menschen« die Nachricht zugemutet werden darf, dass ein Mitbürger das Zeitliche nicht freiwillig gesegnet hat. Dabei zwingt weniger Pietät zu Rücksicht und Verschwiegenheit, sondern mehr die Sorge um Missdeutung. Nämlich die Interpretation, dass die Sicherheit und die Geborgenheit, die der sozialistische Staat allen verspricht, eine Illusion sei. Nun ist ein Mord in den eigenen vier Wänden keine Staatsangelegenheit und in keiner Weise vergleichbar mit, sagen wir, einem Totschlag im Stadtpark, der zu Recht die Frage aufwürfe, wie es mit der Sicherheit im öffentlichen Raum bestellt sei. Doch da man Entwicklungen zu Gesetzmäßigkeiten erklärt hatte, die offenkundig mit der Wirklichkeit nicht Schritt hielten – etwa jener, dass mit dem Sozialismus auch die Kriminalität gesetzmäßig abstürbe – tat man sich mit der Verbreitung von Nachrichten schwer, die eben diese Behauptung widerlegten. Mord passte nicht in jenes Bild, das die Gesellschaft von sich zeichnete. Mord passte aber sehr wohl ins Bild von Individuen, denn auch der sozialistische Mensch war ein von Trieben und Gefühlen, von Erbanlagen und Prägungen gesteuertes Wesen. Der Mensch war selbst im Sozialismus zugleich Kain und Abel, Faust und Mephisto, Dr. Jekyll und Mr. Hyde … Das hatte Gerlach zwar nicht an der Schule, wohl aber in den Jahren seiner Berufspraxis erfahren.

»Wo steht das Klavier?«, fragt jener, der sich als Hauptmann Blücher vorstellt und, mit Blick über die Schulter, seinen Begleiter einführt. »Oberleutnant Reichel.«

Gerlach rapportiert kurz und führt die beiden in die Küche, wo die Görlitzer Kriminaltechniker bereits ihre Arbeitsgeräte verstauen. Der »erste Angriff« ist gefahren.

»Tach«, sagt Blücher, »habt ihr alles?«

»Nee«, kommt das Echo, und das klingt wie: auf euch Wichtigtuer vom Bezirk haben wir gerade noch gewartet. Die Rivalität zwischen Bezirks- und Kreisebene gehört zu den ungeschriebenen Gesetzen wie jene zwischen Bezirk und Hauptstadt. In jedem hierarchischen System existiert eine Hackordnung. Die auf einer unteren Stufe hocken, schauen in die Nasenlöcher über ihnen und meinen, die da oben trügen die Nasen besonders hoch, weil sie sich für etwas Besseres halten. Meist handelte es sich um ein Wahrnehmungsproblem, doch – kein Rauch ohne Feuer. Natürlich glaubt mancher, der sich auf der Hühnerleiter emporgearbeitet hat, dass dies ausschließlich eigener Leistung zuzuschreiben sei, was ihn zu übertriebenem Stolze trieb, den er anderen spüren ließ. Das führte zu überhöhter Sensibilität bei den »Zurückgebliebenen«. Ob Blücher oder Reichel aus eben jenem arroganten Holze war oder nicht, hatte auf die grundsätzliche Ablehnung keinen Einfluss. Wer aus Dresden kam, war erst mal ein Arschloch.

Gerlach sagt, der Täter befinde sich nebenan im Schlafzimmer bei seiner Mutter, um die sich die Ärztin kümmere.

»Und«, sagt Blücher und lässt offen, was er eigentlich wissen will.

»Was: und?« Gerlach weiß nicht, was der Dresdner erfahren möchte und grämt sich zugleich wegen seiner Gegenfrage. Denn die würde nur das Vorurteil der MUK-Leute bestätigen, die Kriminalisten in der Provinz seien alle ein wenig doof und nicht auf der Höhe ihrer Aufgaben.

»Ob er gestanden hat?«

»Natürlich. Er hat doch den Mord gemeldet.«

»Hat er gesagt: Ich, Norbert Brückner, habe meinen Vater getötet?«

Gerlach sinniert und kaut sich auf der Unterlippe. Nein, das hat er wirklich nicht gesagt. Aber die Sache ist doch so klar wie Kloßbrühe. Was also soll diese Klugscheißerei? Will der ihn vorführen oder was?

»Ja, hat er«, antwortet er selbstbewusst, auch wenn Gerlach weiß, dass er lügt.

Im Schlafzimmer ist die Ärztin noch beschäftigt. Sie habe beiden eine Beruhigungsspitze gegeben, erklärt sie nach kurzer Begrüßung. Auf einem Sessel thront Kalle, der Obermeister, wie ein wachender Buddha.

»Ist sie transportfähig?«, erkundigt sich Blücher.

»Ja, sicher«, sagt die Ärztin.

»Lassen Sie sie ins Krankenhaus bringen, sie soll dort stationär behandelt werden, solange die Wohnung versiegelt bleibt.« Und an den jungen Mann gewandt, der lethargisch auf dem Bett sitzt, sagt Blücher: »Herr Brückner, ich verhafte Sie unter dringendem Tatverdacht des Mordes an Ihrem Vater.«

Der Leiter der MUK holt die Acht aus der Tasche und fordert Brückner auf, die Arme vorzustrecken. Er legt die Handfessel an und drückt beide Metallbügel zu. Sie rasten hörbar ein. »Abführen«, sagt er. Aber wem gilt dieser Befehl? Kalle, dem Schutzpolizisten, oder Oberleutnant Gerlach?

Der Kriminalist sagt diensteifrig, er werde Brückner ins VPKA bringen. Dorthin wolle auch der Staatsanwalt mit dem Haftbefehl kommen. Doch wer überwacht den Abtransport der Leiche und versiegelt die Wohnung?

»Der Genosse Obermeister natürlich«, erklärt Blücher. »Sie haben doch Petschaft und Siegelmasse bei?«

Kalle will aus der Haut fahren. Er hat schon längst Feierabend. Warum soll er warten, bis der verdammte Leichenwagen vorfährt? Warum ausgerechnet er? Kann das nicht einer dieser beiden Wichtigtuer aus Dresden erledigen? Aber nein, die wollen jetzt erst einmal essen gehen und erkundigen sich nach einem empfehlenswerten Restaurant. So viele gibt es nicht, als dass man eins besonders präferieren könnte. Sie alle sind gleich gut oder gleich schlecht, je nachdem, wie hungrig man ist. Gaststätten sind wie überall in der DDR lediglich Orte zur Beköstigung. Es geht um Nahrungsaufnahme und um Sättigung. Man stillt den Hunger, kein Bedürfnis.

»Der Ratskeller ist gut«, sagt Gerlach. Er selbst war dort seit Jahren nicht.

Blücher nickt zustimmend. Wir sehen uns dann morgen um 11 Uhr in der Pathologie in Dresden. Er bleibe – er wirft einen Blick auf Buddha Kalle – mit den Kriminaltechnikern hier und überwache den Abtransport der Leiche. Unterdessen könne Oberleutnant Reichel im Amt schon mit der ersten Vernehmung des Täters beginnen. Er werde ihn dann abholen, sobald hier alles erledigt ist.

Die Uhr geht bereits auf 18 Uhr zu, als Norbert Brückner auf einem Hocker im Vernehmerzimmer Platz nimmt. Über ihn liegt nichts vor. Der 19-Jährige ist ein unbeschriebenes Blatt.

Reichel und Gerlach beginnen mit Fragen zum Lebenslauf.

»Geboren – wann und wo?«

»18. September 1954 in Görlitz.«

»Schule?«

»POS, zehn Klassen.«

»Abschluss?«

»Mit zwei.«

»Lehre?«

»Schlosserlehre im VEB Waggonbau.«

»Abschluss?«

»Mit zwei.«

»Mitglied welcher Organisationen?«

»FDJ, FDGB.«

»Gedient?«

»Nein, aber ich soll im November …«

Norbert Brückner hält inne. Ihm ist klar, dass er zum Jahresende gewiss nicht bei der NVA sein wird. Die Würfel über sein weiteres Schicksal sind vor wenigen Stunden gefallen.

Reichel fragt unbeeindruckt weiter.

»Familienstand?«

»Verlobt.«

»Das ist kein Familienstand«, sagt Reichel ungerührt. »Es gibt ledig, verheiratet oder verwitwet. Also ledig bei Ihnen?«

»Hm«, antwortet Brückner, »wir wollten heiraten, bevor ich zur Fahne gehe.«

Gerlach erkundigt sich unbedarft: »Wer ist denn die Glückliche?« Im selben Augenblick, als die Frage seine Lippen verlässt, möchte er sich am liebsten darauf beißen. So glücklich wird das Mädchen kaum sein, wenn sie erfährt, dass ihr künftiger Mann ein Mörder ist. Die Liebe muss unter solchen Umständen sehr groß sein. Doch wer ist dazu in diesem Alter schon fähig? »Ich meine, wie sie heißt.«

Brückner hat die Bemerkung, wie es scheint, überhört. Er reagiert normal. »Regina«, sagt er. »Sie ist Krankenschwester.«

»Ach«, sagt Gerlach, was so klingt, als würde er alle Krankenschwestern am Ort kennen, und zwar sehr gut. Das ist natürlich Unsinn, ihm sind die wenigsten bekannt. In jungen Jahren war er mal mit einer befreundet, die war im Bett eine Granate, wobei er nicht sicher war, ob ihm das nur so vorkam, weil er zuvor noch nie etwas mit einem Mädchen hatte, da war zwangsläufig jede eine Offenbarung, die sich unverklemmt und ungehemmt gab. Oder vielleicht war sie wirklich dieses geile Tier, als dass er sie in Erinnerung behalten hatte. Was mochte aus ihr geworden sein? Mein Gott, das lag nun auch schon fast zwei Jahrzehnte zurück.

»Vorstrafen?« Reichels Frage ist rhetorischer Natur. Er weiß, dass Brückner unauffällig war bis heute Mittag. Da gibt es nichts. Ein sauberer Zeitgenosse, wie sich jeder Staat seine Bürger wünscht. Arbeiten, Steuern zahlen, und wenn man ihn braucht, ist er da: das namenlose Stimmvieh, Herr Jedermann. Doch plötzlich katapultiert er sich ins Zentrum der Aufmerksamkeit, unabsichtlich, keineswegs mit Vorsatz. Er will ja den Weg bis ans Ende seiner Tage unauffällig gehen. Es gibt zwei Kategorien von Menschen, das hat Gerlach schon begriffen: die Selbstdarsteller, deren Eitelkeit und Ruhmsucht sie stets in den Mittelpunkt drängen lässt, und die Durchschnittlichen, denen es an Selbstbewusstsein und Ehrgeiz mangelt, weshalb sie in der anonymen Masse untergehen und am liebsten noch an deren Peripherie strebten. Also dorthin, wo man sie ganz gewiss nicht entdeckt.

»Darf ich mal aufs Klo?« Brückners Frage stoppt Gerlachs Gedankenfluss.

»Natürlich, selbstverständlich«, sagt er, drückt auf den Klingelknopf unter der Schreibtischplatte und auf die Stopptaste des Tonbandgeräts.

In der Tür erscheint ein Uniformierter. »Genosse Meister, begleiten Sie den Beschuldigten bitte zur Toilette.«

Als Reichel und Gerlach allein sind, sagt der Dresdner, man brauche unbedingt ein psychiatrisches Gutachten. Zwar sollten sie im nachfolgenden Teil der Vernehmung schon das Verhältnis zwischen Vater und Sohn ausleuchten, aber das scheint ihm doch ein Fall für den Psychologen. Heute brauchten sie nur sein Geständnis. Denn danach wird ihn sein Chef nachher in der Pathologie garantiert fragen.

Ob es darauf noch ankäme, erkundigt sich Gerlach, die Sache wäre doch wohl klar.

Reichel wiegt bedächtig den Kopf. Ein Schuldeingeständnis erleichtere allen Beteiligten die Arbeit: uns, dem Staatsanwalt, dem Richter …

Und der Öffentlichkeit, will Gerlach hinzufügen, doch er verkneift sich den Einwurf. Gleichwohl ist ihm die Haltung der Massen gewärtig. Die wollen klare Ansagen: was ist gut, was schlecht, wer ist der Schuft, und wer der positive Held? Deshalb funktionierten ja auch die Western und die Ostern, da sind Freund und Feind deutlich geschieden. Er erlebte es erst jüngst wieder im Kino, als die sowjetischen Historienschinken über den Großen Vaterländischen Krieg liefen. Sobald die T 34 zum Sturm ansetzten, hob mit den Fanfarenstößen auch das begeisterte Gejohle der zumeist jugendlichen Zuschauer an. Oder bei »Zwölf Uhr mittags«, als Gary Cooper als einsamer Sheriff gegen die Banditenbande durch den Ort zog. Bei jedem Ganoven, den er von der Zinne schoss, brach zustimmendes Geheul auf. So simpel möchte man die Welt, getrennt in schwarz und weiß. Dazwischen gibt es nichts. Nach dieser Lesart wird man vermutlich auch über diesen jungen Menschen den Stab brechen. Das Motiv ist unwichtig. Er hat seinen Vater getötet.

Und Mord ist ein Verbrechen, für das es keine Rechtfertigung ging.

Der Polizist bringt Norbert Brückner wieder ins Vernehmerzimmer zurück. Gerlach drückt wieder auf die Taste des Tesla-Geräts, die Spulen mit dem braunen Magnetband beginnen sich wieder zu drehen.

»So, Herr Brückner, können wir weitermachen?«

Brückner nickt.

»Schildern Sie uns doch bitte, was heute Nachmittag im Einzelnen geschehen ist.«

Brückner senkt den Blick zu Boden und schweigt.

»Können Sie sich nicht mehr erinnern, oder wollen Sie es uns nicht erklären?« fragt Reichel nach einer Weile. Seine Stimme klingt ruhig, da schwingt weder Vorwurf noch Unmut mit.

Brückner räuspert sich. Stockend repetiert er den Ablauf der Auseinandersetzung mit seinem Vater. Nur hin und wieder stellen Gerlach und Reichel Zwischenfragen. Es steht außer Zweifel, dass Brückner im Affekt und ohne Vorsatz handelte, auch wenn die Tat eine Vorgeschichte hatte. Jede Tat hat eine Vorgeschichte, natürlich. Aber diese hier besteht aus jahrelanger Demütigung und Drangsal, aus Schlägen und Suff. Und Mutterliebe und Beschützerinstinkte spielten eine Rolle. Das alles sollen die Seelenklempner in ihren Gutachten niederlegen, denkt Gerlach, und vielleicht hilft es dem Bengel vor Gericht. Denn die Distanz, die er vor Stunden noch spürte, hat sich verloren. Er würde lügen, bestritte er, dass er Mitleid mit Brückner habe. Darf man Mitleid mit einem Mörder haben, durchzuckt es ihn? Als Polizist? Der auf die strikte Wahrung und Durchsetzung der Gesetze zu achten hat? Du sollst nicht töten, heißt das biblische

Gebot seit zweitausend Jahren. Und auch in einem sozialistischen Staat, der nichts mit der Religion am Hut hat, gilt das Leben als das am meisten schützenswerte Gut. Das ist Verfassungsgrundsatz.

Am Ende seiner Ausführungen bricht Brückner innerlich zusammen. Offenkundig ist ihm erst jetzt die ganze Tragweite bewusst geworden. Rational wie emotional. Natürlich ist der Heulkrampf grundiert durch Selbstmitleid, nicht der Verlust des Vaters treibt ihm die Tränen aus den Augen, nicht das Wissen, nunmehr Halbwaise zu sein. Es löst sich eine jahrelange Anspannung, würde der Psychiater konstatieren. Die Tat hat den jahrelangen Konflikt gelöst, der sich nun entspannt.

Reichel erhebt sich. Er hat ein Stück Papier in der Hand, das er nun vorträgt. »Herr Norbert Brückner, ich verhafte Sie wegen Mordes an Ihrem Vater Gottfried Brückner.«

Dann setzt er sich wieder.

Gerlach sagt, er werde ihn jetzt in die U-Haftanstalt bringen.

»Für wie lange?« erkundigt sich Brückner.

Der Oberleutnant hebt die Schulter. »Keine Ahnung, wahrscheinlich nicht lange.«

Über Brückners Gesicht fliegt ein mattes Lächeln.

»Das ist kein Grund zur Freude. Sie werden vermutlich schon bald nach Dresden überstellt. Dort findet vor dem Bezirksgericht auch Ihr Verfahren statt. Haben Sie …« Gerlach stockt. Die Frage, ob Brückner einen Anwalt habe wäre so bescheuert wie die nach einem Nummernkonto in der Schweiz. Der weiß vermutlich noch nicht einmal, dass es Anwälte gibt und was die so machen. Unter den rund 600 Rechtsanwälten in der DDR gibt es zudem ganz wenige Strafverteidiger, Gewaltverbrechen wie dieses sind hierzulande seltene Ausnahme. Man wird ihm einen Pflichtverteidiger zur Seite geben.

»Was meinen Sie?« Norbert Brückner hat inzwischen wieder alle Sinne beisammen, er hört aufmerksam zu.

»Ach nichts. Ich wollte nur sagen, dass man sich um Ihre Mutter kümmert. Hat sie Verwandte, bei denen sie unterkommt, solange die Wohnung nicht freigegeben ist?«

»Warum kann sie nicht nach Hause?«

»Naja«, sagt Gerlach und es klingt wie eine Entschuldigung. »Die Kriminaltechniker müssen alle Spuren sicherstellen …«

Brückner hebt seine Stimme merklich. »Was für Spuren? Ich habe doch alles erzählt. Das Messer ist auch vorhanden. Da muss nichts sichergestellt werden.«

»Sie können uns ja auch angelogen haben. Vielleicht haben Sie Ihren Vater gar nicht getötet.«

»Ein unbekannter Dritter.« Brückner bricht in ein gleichermaßen höhnisches wie hysterisches Lachen aus.

Gerlach bleibt ruhig. »Vielleicht«, sagt er gedehnt.

»Und vermutlich wird der Alte nur deshalb obduziert, um festzustellen, dass er nicht von mir erstochen wurde, sondern an Herzversagen starb.«

»Auch das ist möglich«, antwortet Gerlach und weiß, dass er jetzt besser schwiege, aber dieser arme Mensch dauert ihn zunehmend. »Dann wird man Sie nicht wegen Mordes, sondern nur wegen Totschlags anklagen. Das macht ein paar Jahre Unterschied.«

Gerlach erhebt sich. »Kommen Sie«, sagt er, »ich fahre Sie hinüber in die U-Haft.« Er langt nach der Schließacht, die er Brückner zu Beginn der Vernehmung abgenommen hat, und legt ihm die Fessel an. Reichel verabschiedet sich. Er werde im Ratskeller nach Hauptmann Blücher schauen.

»Bis morgen in der Patho«, sagt er auf dem Flur und knöpft sich den Mantel zu.

»Bis 11 dann«, sagt Gerlach und greift Brückners Oberarm. Dem Polizisten, der vor der Tür gewartet hat, fordert Gerlach auf, das Band ins Schreibbüro zu geben. Für heute sei hier Schluss, er bringe den Beschuldigten mit der Funkstreife in die U-Haftanstalt. »Gute Nacht dann.«

Am nächsten Morgen versammelt sich eine größere Gruppe Staatsangestellter in der Pathologie des Bezirkskrankenhauses. Reichel und Blücher von der MUK sind erschienen, Oberleutnant Gerlach, die Kriminaltechniker, der Staatsanwalt. Schlag 11 Uhr betritt der leitende Gerichtsmediziner den Obduktionssaal, im Gefolge ein Schwarm junger Kollegen, meist Kolleginnen. Eine hübscher als die andere, stellt Gerlach bewundernd fest. Vermutlich braucht man neben dem toten Fleisch auch frisches, denkt er. Ansonsten könnte man sich ja gleich ins Kühlfach legen.

Der Leichnam wird hereingerollt. Der Professor schlägt das Tuch zurück, das Brückner bedeckt. Der Wurf wirkt gekonnt und entbehrt keineswegs einer gewissen Theatralik. Der erfahrene Rechtsmediziner weiß sich zu inszenieren. Gerlach beobachtet amüsiert die bewundernden Blicke im Rund.

»Ich habe heute morgen schon mal den Thorax geöffnet, das spart uns allen Zeit«, sagt der Mediziner und streift sich die Gummihandschuhe über, dass das Talkum nur so staubt.

»Wir haben es hier mit einem 53-jährigen Mann zu tun. Er hat an der linken Brustseite, neben dem Brustbein, eine annähernd horizontale, ziemlich schmale Stichverletzung. Hier.« Er weist auf die Stelle und schiebt sodann ein Skalpell in den Stichkanal. »Sie sehen: der Stich wurde steil von oben nach unten geführt. Was Sie nicht sehen: Der Stich verletzte die Zwischenrippenmuskulatur, zwei Rippen und den Herzbeutel.«

Die Umstehenden schweigen andächtig.

»Dabei wurde die linke Herzkammer am Übergang zur Herzscheidewand eröffnet, das Blut schoss in die linke Brusthöhle.«

»Aber es war kein Blut in der Küche zu sehen«, ruft Reichel dazwischen.

»Hören Sie nicht zu, Genosse?«, tadelt der Gerichtsmediziner. »Ich sagte, dass sich das Blut in die Brusthöhle ergoss. Aus diesem kleinen Schlitz hier konnte so gut wie nichts austreten.«

»Wie lange hat er noch gelebt?« erkundigt sich Gerlach.

»Das ist mal eine interessante Frage«, sagt der Professor und zeigt, dass er die Balance von Lob und Tadel zu halten versteht.

»Der Mann war sofort tot, der Blutverlust war schwerwiegend. Sie sehen es im übrigen auch daran, dass es keine Abwehrreaktion gab, die in der Regel zu weiteren Verletzungen führten. Stich, zack, tot, umfallen. Das passiert in Sekundenbruchteilen.«

»Der vermeintliche Täter hat erklärt, dass er von vorn zugestochen habe.«

»Nein, das würde ich aus zwei Gründen bestreiten. Zum einen wurde der Stich mit großer Wucht von oben nach unten geführt, wie der Wundkanal deutlich zeigt. Also muss der Täter hinter dem Opfer gestanden haben. Zum anderen war der Mann ahnungslos. Er hätte sich gewehrt, wenn er das Messer gesehen hätte. Und das hätte zur Abwehr und entsprechenden Verletzungen geführt. Für mich ist ganz klar«, sagt der Professor und schüttelt zur Bekräftigung den Kopf. »Der Stich kam für das Opfer überraschend und unerwartet.«

»Und er fiel auch nicht auf den Rücken, wie wir ihn vorfanden«, ergänzt Gerlach spekulierend, »sondern auch auf dem Bauch«.

»So ist es. Hier«, der Professor weist mit seiner Gummihand auf einige dunkle Stellen auf dem Bauch. Die Leichenflecken bestätigen es eindeutig.«

Der Staatsanwalt, der die Differenz zwischen Täteraussagen und medizinischem Gutachten sehr wohl bemerkt hat, erkundigt sich, ob denn wenigstens die Tatwaffe die nämliche sei. Der Professor beruhigt ihn. Das stehe außer Zweifel. Sogar das Blut sei echt und stamme vom Opfer, frozzelt er. Pietät ist seine Sache nicht. Wahrscheinlich schützt er sich auf diese Weise vor dem blutigen Alltag. Es macht gewiss keinen Spaß, täglich in den Kaldaunen von Toten zu wühlen.

»Sonstige Auffälligkeiten?« Der Staatsanwalt hält unverändert seinen Kugelschreiber gezückt.

»Nein, nichts. Er war ein starker Raucher. Falls unter den Genossen jemand ist, der noch zögert, mit dem Qualmen aufzuhören, dem zeige ich gern die aufgeschnittene Lunge. Üblicherweise ist sie rosa bis rot, hier sieht man schön die dunkle Verfärbung. Will jemand einen Blick riskieren.« Alle heben abwehrend die Hände, die stärksten Raucher reißen sie am höchsten. Wer möchte schon freiwillig die nüchterne Wahrheit so dicht an sich heranlassen? Gerlach ahnt, dass sich auch in seiner Lunge etliches bereits abgelagert hat. Nicht nur der Auswurf, den er an jedem Morgen ins Waschbecken hustet. Das kommt ja raus. Der Teer bleibt drin. Mehr als einmal hat er sich geschworen, mit dem Paffen aufzuhören, doch er war jedes Mal nach ein paar Tagen rückfällig geworden. Nein, süchtig ist er nicht, das wird er immer bestreiten. Aber es gibt Zwänge, die ihn stets auf Neue nach der Schachtel greifen lässt. Vor allem in Stresssituationen glaubt er besser über die Runden zu kommen. Sobald der Qualm in die Lunge eindringt, wird er ruhiger. Davon ist er unverändert überzeugt. Außerdem fürchtet er, als Nichtraucher aus dem Leim zu gehen. Er kennt einige, die wurden anschließend fett, weil sie plötzlich nur am Kauen waren. Sie verspürten angeblich unablässig Hunger, der ihnen früher fremd war. Sie aßen als Raucher, weil es Zeit war, nicht weil sie Appetit verspürten. Nun aber jagte eine Hungerattacke die nächste, sagten sie.

Für Gerlach war das keine erstrebenswerte Alternative. Lieber wollte er husten und keuchen, statt an Herzverfettung zugrunde zu gehen. Oder besser doch nicht?

Am Montagmorgen versammeln sich alle planmäßig bei Major Woschke. Der K-Leiter lässt sich über die Vorkommnisse am Wochenende informieren: Karnickeldiebstähle, Prügelei in der Disko, eine versuchte Vergewaltigung … Das übliche eben, wenn die Leute

Zeit und Langeweile haben. Doch diesmal gibt es auch einen richtigen Mord. Sollte man sich wegen der Abwechslung freuen? Wenn Görlitz nicht durch die Neiße und eine Grenze geteilt wäre, wäre es eine Großstadt mit über 100.000 Einwohnern. So aber leben seit Kriegsende und dem Potsdamer Abkommen nur zwei Drittel davon auf der deutschen Seite. Damit ist Görlitz weder eine Groß- noch überhaupt eine Stadt, in der man gern wohnt. Wenn der Arsch des Landes einen Namen hat, dann diesen. Die DDR versucht gegenzusteuern, wie sie es auch in anderen menschenleeren Regionen des Landes tut: Sie siedelt Industrie an, baut Wohnungen und zahlt gute Löhne. Im Westen macht man das ähnlich. Dort nennt man es Zonenrandförderung, um die Leute zu halten. Die

Eingang Werk I in den 70er Jahren

DDR bringt die Menschen erst dorthin: nach Schwedt an der Oder oder nach Wittenberge in der Prignitz. In Görlitz heißt der Magnet VEB Waggonbau. 1847 als »Görlitzer Maschinenbau-Anstalt und Eisengießerei« gegründet, machte der Betrieb verschiedene Phasen durch. Nach dem Krieg war er eine Zeit sowjetische Aktiengesellschaft, dann wurde die SAG ein volkseigener Betrieb. Tausende finden hier Arbeit und versorgen seit Jahrzehnten den ganzen Ostblock mit Eisenbahnwaggons. Der Bedarf ist groß.

Woschke hört Gerlachs Bericht. »Brückner war Meister im Waggonbau?«

»Ja.«

»Hört euch dort mal um.«

Gerlach weiß, was nun auf ihn zukommen wird. Der Fall ist doch klar, der Täter geständig. Aber sie

Werk I wird seit 2009 abgerissen. Hinter der denkmalgeschützten Fassade entsteht die neue Polizeidirektion Oberlausitz-Niederschlesien

müssen nun das ganze persönliche Umfeld abgrasen, um dem Richter und der Staatsanwaltschaft Argumente zu liefern. Das hat nichts mit Kriminalistik zu tun. Es ist wie das Nachspielen einer Skatrunde. Wenn er etwas hasst, dann ist es dieses Bedürfnis mancher Skatbrüder, die nach einem verlorenen oder gewonnenen Spiel alle zehn Würfe rekapitulieren, wer wie gereizt hat und was im Skat lag. Statt zu mischen und neu zu geben wird Vergangenes zelebriert. Gerlach mochte nie über vergossene Milch reden. Was vorbei war, ist vorbei. Warum sollte man Zeit mit Umschauen verlieren? Den Blick sollte man unbelastet auf künftige Ziele richten.

Die Brückner-Sache war für ihn vergossene Milch. Sie erforderte allenfalls bürokratische Dokumentation. Das war langweilig, unkreativ. Die Woche war im Eimer. Und das verdankte er Woschke.

Der war nicht vom Leben so weit weg, um nicht zu ahnen, was hinter Gerlachs Stirn vor sich ging. Er schätzte dessen umsichtige und durchaus drängende Art. Der würde mal einen guten K-Leiter abgeben, wenn er denn diesen Platz räumte, da war sich Woschke sicher. Doch wann das sein würde, wussten allein die Götter in Dresden. Entweder sie riefen ihn zu sich und ließen ihn aufsteigen – oder in Görlitz versauern. Dann müsste er wohl Gerlach aus Görlitz wegloben, damit der nicht sein Schicksal teilte.

»Genosse Gerlach, Sie nehmen sich zwei Mann – ich denke an Unterleutnant Linke und Unterleutnant Lange – und grasen das ganze Umfeld ab. Am Freitag kriege ich den Bericht von Ihnen. Weggetreten.«

Damit ist die Montagsbesprechung beendet. Gerlachs Gallepegel liegt inzwischen nur noch leicht über dem Durchschnittswert. Wat mut, dat mut, sagt sich der Oberleutnant, dann bleiben die anderen Fälle eben liegen. Alles für den Gabentisch der Republik, sagt ihm seine innere Stimme. Lorbeeren gibt es dabei nicht zu ernten.

Er bestellt Linke und Lange in sein Dienstzimmer. So und so. Die beiden hatten bereits auf dem Korridor vom Messermord gehört. Unter diesem *Stich*wort, schön doppeldeutig, findet Gerlach, kursiert der Fall bereits im VPKA. Nicht eben häufig wird in Görlitz ein Mensch umgebracht. Und geschieht es doch einmal, verbreitet sich die Nachricht wie ein Lauffeuer. Die Informationssteppe ist ausgedörrt, da brennt alles wie Zunder.

»Genosse Linke, Sie sprechen mit der Freundin des Täters. Sie soll in der Kinderklinik als Schwester arbeiten. Ihr Name lautet Regina Möller. Reden Sie mit ihr über Brückners: Vater, Mutter, Sohn, ihren Verlobten. Wie sie das Verhältnis wahrgenommen hat undsoweiter. Na, Sie werden schon wissen, dass habt ihr doch auf der Schule alles durchgenommen.«

Linke hat gemeinsam mit Lange die mehrjährige Ausbildung zum Kriminalisten beendet, sie sind noch nicht lange im Job und drängen, Gerlach hat's nicht übersehen, darauf, es sich und den Vorgesetzten zu beweisen. Selbst den kleinsten Auftrag nehmen sie unerhört wichtig und ernst. Das wird sich im Laufe der Zeit verlieren, das weiß Gerlach, denn auch er war von jener Sorte. Doch in dieser Phase haben die Jungs noch Biss und Ehrgeiz. Das sollte man nutzen und dafür sorgen, eine solche Haltung möglichst lange zu erhalten. Die Routine käme noch beizeiten über sie und tötete jeden Eifer.

Lange solle sich in der Nachbarschaft umhören, weist Gerlach er. Er selbst werde sich mit Klara Brückner unterhalten und den Betrieb aufsuchen.

Linke freut sich über den Auftrag und soll auch nicht enttäuscht werden. Brückners Verlobte ist eine Augenweide. Helle klare Augen in einem offenen Gesicht, das von schulterlangem Haar umrahmt wird. Sie hat mit dem Besuch der Polizei gerechnet, ihre Mutter hat sie informiert. Und die weiß es wiederum von Frau Brückner. Die Mütter sind privatim, die Kinder wollen schließlich im Herbst heiraten.

»Können wir irgendwo miteinander ungestört reden?« erkundigt sich Linke ins Säuglingsgequäke, das die Korridore der Kinderklinik im Dauerton durchflutet.

»Ich sag nur Bescheid«, lacht Regina Möller, »dann gehen wir ins Schwesternzimmer. Dort haben wir Ruhe.«

Der Raum ist anheimelnd. Man sieht es ihm an, dass er von Frauen gestaltet wurde. Linke lässt seinen Blick über die freundliche Blumentapete, die Kinderzeichnungen und das Spielzeug in den Regalen gleiten. »Haben wir alles selbst gemacht«, erklärt Regina Möller mit unüberhörbarem Stolz. »War eine Verpflichtung aus dem Brigadeplan … Wollen Sie einen Kaffee?«

Linke nickt.

»Gibt aber nur türkisch.«

»Kein Problem.«

Während die junge Frau in Weiß in der Kochnische hantiert, erkundigt sie sich: »Mit Milch und Zucker.«

»Nö«, sagt Linke.

»Was nö? Nö Milch oder nö Zucker?«

»Bitte nur mit Milch, keinen Zucker.«

Dann herrscht wieder Stille. Man hört nur das Rauschen des Wasserkochers.

»Wie alt sind Sie?«

»19. Warum fragen Sie?«

»Sind die Schwestern hier alle so jung?«

»Nein, ich bin die jüngste auf der Frühgeborenenstation. Ich hatte Glück, dass der Chefarzt mich angefordert hat. Ist ein ziemlich harter Hund.«

»Wie meinen Sie das?«

»Bei dem liegt die Messlatte ziemlich hoch. Wer von der Medizinischen Fachschule kommt, muss sich erst mal in anderen Abteilungen beweisen. Er bevorzugt ältere, erfahrene Semester.«

»Und warum hat er bei Ihnen eine Ausnahme gemacht?« Unterleutnant Linke lässt nicht locker, obwohl er weiß, dass das alles nichts mit seinem Thema zu tun hat.

Auf dem Gesicht von Regina Möller macht sich ein leichter Anflug von schamhafter Röte breit, als sie den Kopf wendet. »Ich hatte einen ziemlich guten Abschluss.«

Vorsichtig stellt sie die beiden Kaffeetöppe auf den Tisch. An der Oberfläche kreisen die Krümel. Die Löffel stecken in den Tassen.

»Umrühren und setzen lassen«, lacht sie. »Oder haben sie gern Sputniks zwischen den Zähnen?«

»Wann haben Sie Norbert Brückner kennen gelernt?«, beginnt Linke, der ein Notizbuch aufgeschlagen hat. Jetzt beginnt der Dienst.

Die Frau überlegt einen Moment. »Das war im Sommer '71, also vor knapp drei Jahren. In der Stadthalle gab es ein Konzert mit Frank Schöbel. Die besten Lehrlinge und Fachschülerinnen aus der Stadt hatten von ihren Betrieben Karten als Auszeichnung erhalten. Schöbel hatte damals seinen großen Hit *Wie ein Stern in einer Sommernacht*. Sie erinnern sich?«

Natürlich erinnerte sich Linke. Erstens war das noch nicht so lange her, und zweitens war das jene Zeit, in der eine ganze Menge begnadeter Talente in die Öffentlichkeit drängten. Reinhard Lakomy, Angelika Mann, Uschi Brüning, die Puhdys, Lift, Karat ... Keiner sprach von Ostrock, aber es war die überzeugende Antwort auf das, was musikalisch aus dem Westen kam.

»Es war Liebe auf den ersten Blick.« Regina Möllers Blick bekommt etwas Träumerisches. »Wir haben uns sofort gemocht und wollten uns nie mehr trennen. Naja«, und das klingt aus diesem Munde schon ein wenig altklug, »wie man mit 16 eben so redet und fühlt.«

»Wann waren Sie zum ersten Male bei Brückners?«

»Ach, ziemlich bald. Frau Brückner hat mich sofort angenommen. Sie war freundlich, herzlich geradezu. Norberts Vater hingegen war ein Stoffel, ein unangenehmer Mensch. Immer so mürrisch, ich weiß auch nicht, wie ich sagen soll. Der gab mir noch nicht einmal die Hand zur Begrüßung. Später hat er wenigstens gegrunzt, wenn ich zur Tür hereinkam, womit er anzeigte, dass er mich gesehen hatte.«

Damit habe sie leben können, berichtet Regina Möller weiter. Viel nerviger sei die Tatsache gewesen, dass er in ihrem Beisein ständig an Norbert herumnörgelte. Dies passte ihm nicht, und jenes ging ihm gegen den Strich. Banales Zeug eben. Dabei galt das

Genöle weniger seinem Sohn, sondern ihr. »Wissen Sie, der wollte mir zeigen, wer hier das Sagen habe und was sein Sohn für eine Lusche sei.«

»Er spielte den Platzhirsch?«

»Nein, das war mehr. Es war aggressive Herrschsucht.«

»Wie ging Ihr Freund damit um?«

»Wir schauten uns an und waren uns einig. Ich will damit sagen: Das berührte uns nicht. Brückner ließ uns kalt. Nur einmal ließ sich Norbert aus der Ruhe bringen. Wir wollten ins Kino, ich holte Norbert ab. Als wir bereits am Gehen waren, schoss sein Vater aus dem Wohnzimmer. Er war ziemlich angesoffen und langte nach Norbert, schlug ihm mit der flachen Hand ins Gesicht. Wo willst du hin, du Flasche, schrie er, du kriegst doch eh keinen hoch. So in dieser Art. Da bin ich dazwischen und habe gebrüllt: Noch ein Schlag, und ich zeige Sie an! Ich habe Norbert aus der Tür gezogen und bin mit ihm aus dem Haus gelaufen.«

»War Frau Brückner im Hause?«

»Ja. Ich hörte sie laut schluchzen. Sie tat mir leid, aber wir mussten raus und weg. Norbert blieb zwei Tage bei uns, ehe er wieder in die Wohnung der Eltern zurückkehrte. Er fürchtete um seine Mutter, weniger um sich.«

Die junge Frau führt die Tasse zum Mund und nimmt vorsichtig einen Zug von dem heißen Gebräu.

»Die Mutter stand lächelnd in der Küche, als sie Norbert zurückkehren sah. Der Alte war in seiner Werkstatt, wir hörten die Schleifgeräusche von seiner Drehbank. Ich merkte, dass sie beim Hantieren Mühe hatte, ihren rechten Arm zu bewegen, und machte Norbert darauf aufmerksam. Der schob den Pulloverärmel nach oben, sie stöhnte auf. Der gesamte Arm war von grünen und blauen Flecken übersät. So etwas hatte ich noch nie gesehen. Entsetzlich. Ich sagte das auch. Ich solle mich beruhigen, redeten plötzlich die beiden auf mich ein, das werde schon wieder. Aber ich konnte mich nicht beruhigen. Sie müssen ihn anzeigen, sagte ich Frau Brückner, und auch Norbert forderte ich auf, zur Polizei zu gehen. Das sei nicht hinnehmbar. Sie wäre doch seine Frau, sagte Norberts Mutter, sie könne doch nicht ihren eigenen Mann anschwärzen. Aber wenn er sie schlage, sei das in Ordnung, was? Ich war außer mir.«

Die Erregung spürt man ihr noch an, die sie damals befiel. Häusliche Gewalt ist noch kein Thema, weder in der Öffentlichkeit noch in der Rechtsprechung. Was hinter verschlossenen Wohnungstüren passiert, ist tabu. So lange davon niemand etwas bemerkt, gibt es sie auch nicht. Und in den Familien wirkt das überlieferte Rollenverständnis. Auch in einem weltlichen Staat gilt der Bibelspruch: Das Weib sei dem Manne untertan! Wie weit geht diese Unterwerfung? Bis das der Tod euch scheide, wie es vor dem Altar bei der Hochzeit hieß?

»Nahm sich Brückner in der Folgezeit zurück?« Linke insistiert vorsichtig, er spürt, wie die Erinnerung die sonst so selbstbewusste und souveräne Säuglingsschwester mitnimmt.

»Nicht wirklich. Wenn ich dabei war, hielt er sich gegenüber Norbert zurück. Sein ganzer Unmut kehrte sich gegen seine Frau.«

»Was war der Grund?«

Regina Möller bläst die Wangen auf und lässt hörbar die Luft entweichen. »Ich weiß es nicht, woher dieser Hass, dieser Zorn rührte. Im Betrieb genoss er als Meister einen guten Ruf. Er war angesehen, wurde wiederholt ausgezeichnet. Diese ewige Unzufriedenheit musste anderen Ursprungs sein. Vielleicht war es auch charakterlich bedingt. Wer weiß, was ihm als Kind widerfahren ist. Wer als Kind geschlagen wird, schlägt auch als Erwachsener seine eigenen Kinder. Das ist ein ewiger Kreislauf …«

»Wirklich?« Unterleutnant Linke schaut skeptisch. Das kann er nicht glauben.

»Doch, das wissen wir inzwischen. Frühkindliche Prägungen bleiben fürs ganze Leben. Natürlich kann man da ein wenig steuern, die Gesellschaft kann Regeln und Leitplanken einziehen. Aber am Wesen, am Charakter lässt sich nur bedingt etwas ändern.«

»Das ist aber sehr unmarxistisch, was Sie da sagen«, wirft der Genosse Unterleutnant der K ein. »Das haben Sie bestimmt nicht an Ihrer Fachschule gelehrt bekommen, nicht wahr?«

Regina Möller grient. »Aber natürlich. Im Übrigen werden Sie auch bei Marx nichts finden, dass der Mensch wie ein Roboter funktioniert. Nürnberger Trichter auf die Birne, all das menschliche Wissen und die ganze Moral hinein, und fertig ist der neue Mensch. So läuft das nicht. Die Erfahrungen der Geschlechter lasten wie ein Alb auf unseren Gehirnen oder so ähnlich, hat er mal gesagt. Was meinen Sie, war damit gemeint?«

Linke merkt, dass er mit seiner Exegese hier nicht weit kommt. Die Schwester ist nicht nur hübsch, sondern auch hübsch gebildet. Eine eher seltene Kombination, wie er meint.

»Brückner war in der Partei«, wirft Linke ein.

»Genau. Und dahin haben wir uns auch gewandt. Ich war mit Norbert in der Parteileitung und habe dort erklärt, dass Brückner seine Frau schlägt. Das könne nicht sein, hieß es dort abwehrend. Brückner sei ein guter Genosse, ein zuverlässiger Mann, als Meister gehöre er zu den Vorbildern im Betrieb. Wir sollten uns überlegen, was wir da sagten.«

»Ist klar«, sagt Linke. »Weil nicht sein kann, was nicht sein darf.«

»So war es. Aber der Parteisekretär war doch nicht dieser Abwiegler, für den ich ihn zunächst hielt. Er nahm sich Brückner zur Brust. Das bewirkte jedoch genau das Gegenteil, was wir damit bezweckt hatten: Brückner rastete zu Hause nun völlig aus. Meine Eltern schlugen vor, dass Norbert zu uns zöge, doch er wollte nicht wegen seiner Mutter. Er fürchtete, dass sein Vater sie totschlüge, wenn er sie allein ließe. Dann

Die Schlosserei im Waggonbau vor dem Abriss, 2010

versuchten wir, seine Mutter zur Scheidung zu bewegen. Sie solle ausziehen und sich von diesem Ekel trennen. Diese Schande, rief sie, das könne sie nicht tun. Damit wäre doch der öffentliche Ruf von ihrem Mann ruiniert. Wieso nähme sie auf ihn immer Rücksicht, fragte ich sie. Ich verstand das einfach nicht. Sie hatte uns, das Gesetz und alles Recht der Welt auf ihrer Seite. Nichts und niemand zwang sie, bei diesem Mann zu bleiben, sich fortgesetzt schlagen und demütigen zu lassen. Sie war nicht auf ihn angewiesen, Arbeit gab es überall, sie musste nicht um ihre Existenz bangen. Denn wenn die DDR etwas erreicht hat, dann doch dieses: Dass Frauen nicht mehr die Anhängsel ihrer Männer sind. Sie können sich selbst ernähren und über ihr Schicksal frei entscheiden. Frau Brückner, bat ich sie ein ums andere Mal: Ziehen Sie aus, reichen Sie die Scheidung ein! Doch nein, sie hielt an diesem verstaubten Ehegelübde fest. Absurd.«

Regina Möller schüttelt ihren hübschen Kopf. Frauen ihrer Generation können das wirklich nicht verstehen, was in einem Kopf wie der von Frau Brückner vor sich geht.

Unterleutnant Linke hat genug gehört. Er klappt sein Notizbuch zu.

»Wie soll es nun weitergehen?«

»Ihr Verlobter wird angeklagt werden.«

»Womit muss er rechnen?«

Linke dreht die Handflächen nach oben. »Vor Gericht und auf hoher See …« Soll er ihr seine Vermutung sagen? Auf Mord steht lebenslänglich. Sofern der Richter nicht mildernde Umstände sieht.

»Ich werde warten«, sagt Regina Möller.

Und Linke denkt: schade.

Unterdessen ist Unterleutnant Lange in Brückners Nachbarschaft unterwegs. Viele Türen bleiben verschlossen, was er vermutete. Tagsüber sind die meisten auf Arbeit, die Kinder oft im Hort oder in der Lehre. Sein Klingeln bleibt ohne Folgen. Jene, die ihm öffnen, sind zumeist im Rentenalter oder arbeiten Schicht, wie man sagt. Lange wird in der Regel freundlich hereingebeten, man lässt die Staatsmacht bereitwillig ein. Vielleicht auch in der Erwartung, etwas mehr zu erfahren, als bislang auf der Straße zu erfahren ist. Da muss der Genosse von der K sie jedoch enttäuschen. Wir ermitteln noch, wehrt er höflich die Fragen ab, das müsse man verstehen … Natürlich versteht man. »Unsere Menschen« verstehen immer gleich alles, wenn die Obrigkeit was sagt. Nachfragen ist nicht üblich. Warum eigentlich nicht.

Also, sagt der Genosse Lange von der Kriminalpolizei, nachdem er Platz genommen und den Kaffee abgelehnt hat, der ihm stets angeboten wird. Die Alternative Bier wird nicht ins Gespräch gebracht, denn das weiß man aus dem »Polizeiruf 110«, dass die Kriminalisten im Dienst nie Alkohol trinken. Und Wasser kennt man nicht. Das trinken nur Kühe.

Also, pflegt Unterleutnant Lange die Befragung zu beginnen, was wissen Sie über den Bürger Brückner?

Und dann hört er immer wieder das Gleiche. Ein korrekter, höflicher Mann, stets hilfsbereit und entgegenkommend. Wenn man etwas zu reparieren hatte – vom Türschloss bis zur Kuckucksuhr –, hat er sich bereitwillig der Sache angenommen. Und preiswert sei er gewesen, billiger jedenfalls als die Handwerker. Bei ihm wäre es oft mit einer Flasche Bier oder bei einer größeren Sache mit einem kleinen Geldschein abgegangen. Nein, man könne nichts Schlechtes über ihn sagen. Keinen Subbotnik habe er ausgelassen, am 1. Mai und am 7. Oktober habe er wie alle geflaggt, er musste nie daran erinnert werden.

Lange notiert stumm und wertet nicht. Nur bisweilen stoppt er den Redefluss seines Gegenübers, wenn die Rede zu breit wird und dahinströmt wie der Amazonas. Dann fragt er: Wie war das Familienklima? Hat er seinen Sohn geschlagen, gar seine Frau misshandelt? Dann stiehlt sich mitunter der Anflug von Entsetzen ins Antlitz des Zeugen. Wie, was, Brückner soll geprügelt haben.

Er habe nicht gesagt, das Brückner geschlagen habe, sondern habe nur danach gefragt, ob ihm, dem Zeugen, dergleichen zu Ohren gekommen wäre.

Erleichtert kommt dann zurück: Nie im Leben hat der Brückner geschlagen. Das wäre ihm doch gar nicht zuzutrauen. Ein so netter Nachbar.

Hat man denn die Familie gemeinsam gesehen, fragt Lange weiter, gab es Spaziergänge am Sonntag. Nein, nein, heißt es dann, Brückner sah man nur solo, der Bengel sei ja auch aus dem Alter raus, in dem ein Sohn mit den Eltern spazieren ginge.

Und die Frau?

Die habe man nur selten, aber auch immer allein gesehen. Sie sei doch Krankenschwester und habe Schicht gearbeitet. So etwas mache doch jede Familie kaputt.

War denn die Familie Brückner kaputt?

Nein, so habe man es nicht gemeint.

Wie dann?

Nun ja, wenn der Mensch nur noch Anhängsel der Industrie sei … Damit die Maschinen ausgelastet sind, müssen sie rund um die Uhr laufen und von Menschen bedient werden … Das sei doch wider die Natur, wenn die Nacht zum Tag gemacht werde …

Ach so meine man das, greift Lange den Einwurf auf und vermutet als guter Genosse gleich Kritik an der Wirtschaftspolitik der Partei. Schicht werde auch im Westen gearbeitet, und Krankenschwestern hätten zu allen Zeiten auch nachts über ihren Patienten gewacht.

Schonschon, kommt die kleinlaute Entgegnung, aber schön ist das alles nicht. Zuviel Hektik, immer sei was zu erledigen, immer was zu tun. Die Familien lebten sich auseinander. Früher, geht es dann weiter, lebten drei Generationen unter einem Dach und sorgten für einander, das gehe heute schon nicht, weil die Wohnungen zu winzig wären.

Würden Sie denn mit ihren Kindern und Enkeln in einer Wohnung, einer großen, gemeinsam leben wollen? Lange ist unerbittlich. Er stopft die Frage zurück in den Mund, aus dem sie kam. Er kennt das Gebarme aus seiner eigenen Umgebung, kann dieses Geseiere, dass früher alles besser gewesen sei, nicht mehr hören. Ja, alles war anders, das stimmt. Aber war es darum auch besser? Vielleicht braucht der Mensch diese Suggestion zur Stärkung seines Ichs. Vielleicht gewinnt er, wenn er sich so bestätigt, dass er schon bessere Tage gesehen habe als die gegenwärtigen, um morgen überzeugt sagen zu können, das Heute sei grandios gewesen?

Meist klappt Lange an dieser Stelle sein Notizbuch zu und erhebt sich. Was er hören wollte, hat er notiert. Der Rest ist Feuilleton und schon vergessen, sobald er die Wohnung verlassen hat. So arbeitet er sich durch

Frisch restauriert: das Haus am Demianiplatz, 2010

die Häuser rund um den Platz, der nach einem Bürgermeister aus dem vorigen Jahrhundert benannt ist: Johann Gottlob Demiani. Seine ursprüngliche Absicht, später zurückzukehren, um nach Feierabend die Werktätigen in Sachen Brückner zu befragen, hat er längst fallengelassen. Das Bild des Opfers ist klar konturiert, da dürfte kaum noch eine Korrektur erfolgen. Gerhard Brückner: ein Mensch ohne Fehl und Tadel.

So sieht man ihn auch im Betrieb. Brückner arbeitete in der Schlosserei mit etwa zweihundert Mann, als Meister trägt er die Verantwortung für zwanzig. Bevor er jedoch in die Brigaden geht, klopft Gerlach beim Betriebsschutz an. Das ist in diesem Falle der Genosse Wegner, ausgebildeter Kriminalist und Oberleutnant wie er. Jeder Großbetrieb hat eigene Fachleute, die unter dem Kürzel BS/K firmieren. Sie werden von der

Kriminalpolizei im VPKA gleichsam abkommandiert; wie lange sie im Betrieb bleiben, entscheidet der K-Leiter. Oft schickt man erfahrene und lang gediente Kollegen in der trügerischen Hoffnung, sie könnten sich dort geruhsam auf ihre Rente vorbereiten. Doch vor Ort zeigt sich, dass es dort meist nicht so ruhig zugeht wie erwartet. Es wird inzwischen ganz schön geklaut. Die Feststellung eines DDR-Satirikers, der damit die Äußerung eines Politbüromitgliedes auf ihren Kern zurückführte, nämlich dass aus unseren Betrieben noch viel mehr rauszuholen sei, ist »an der Basis« längst angekommen. Wegner schaut also nach dem Rechten und den Leuten auf die Langfinger.

Paul Wegner und seinesgleichen sind auch deshalb in den Betrieben, weil es in der Kriminalpolizei der DDR kein eigenständiges Ressort gibt, das sich ausschließlich mit Wirtschaftskriminalität befasst. Dafür gibt es im Ministerium für Staatssicherheit die Hauptabteilung (HA) XVIII. Der Grund, weshalb sich diese und keine andere Institution damit beschäftigt, liegt natürlich in der Vergangenheit. In der Frühzeit der DDR, mitten im Kalten Krieg und bei ungesicherten und offenen Grenzen, gehörten Sabotage und Boykott zu den täglichen Erscheinungen in der Volkswirtschaft. Der Wirtschaftskrieg des Westens gegen die DDR war ein wesentliches Element der Systemauseinandersetzung. Dabei ging es um existentielle Fragen. Und wenn die Sicherheit des Staates bedroht war, rief man die Staatssicherheit auf den Plan. So kam es, dass seit anno '50 die HA XVIII für die Wirtschaftsverbrechen allein den Hut aufhatte.

Kleinkriminelle aber, die Werkzeug oder Material aus dem Betrieb nach Hause schleppten, bedrohten nicht die Existenz der DDR und waren darum auch kein Fall für die Staatssicherheit. Dafür gab es Leute wie Oberleutnant Paul Wegner. Und dank deren Integration in die Belegschaft ist die Aufklärungsquote erheblich höher als »draußen«. Die kennen nicht nur jeden Winkel im Betrieb, sondern auch ihre Pappenheimer.

Wegner freut sich sichtlich, als sein Kollege Gerlach die Nase zur Tür hereinsteckt.

»Kommste wegen Brückner?«

Gerlach nickt.

Wegner ist längst im Bilde. Nachrichten wie diese sind auf Kurzstrecke trainiert, die sprinten gleichsam durch den Betrieb.

»Willstn Kaffee?«

»Gern.«

Gerlach lässt sich unter dem Foto von Stoph nieder. Das Konterfei des Staatsratsvorsitzenden macht

Die Schmiede, Zeichnung von Günter Hain

das Zimmer von Wegner zum offiziellen Büro und zur Amtsstube, auch wenn es auffällig karg möbliert ist. Ich brauch keine Schrankwand für diesen Polittrödel, hat er mal gesagt, als Gerlach ihn darauf ansprach. Dieser ganze Müll, den es immer zu Jahrestagen und als Gastgeschenke von Patenbetrieben gibt, interessiert mich nicht. Is doch allet Kitsch. Womit er nicht unrecht hatte. Gerlach kennt die Gipsköpfe, Modelle von Waggons, Wimpel und Minibriketts, Cognacschwenker mit Lenin-Porträt und T 34 auf Glasbaustein zur Genüge, die sich in Regalen in diversen Dienstzimmern türmen. Sie zeigen nicht die politisch-moralische Haltung des Amtsinhabers, sondern ob er eine Sekretärin hat, die regelmäßig Staub wischt.

Wegner stellt die gefüllten Tassen auf den Tisch und lässt sich breitärschig auf den abgewetzten Polsterstuhl fallen. Er langt nach dem Aschenbecher, der auf dem Schreibtisch an der Stirnseite des Besprechungstisches steht, und fingert sich die Schachtel F 6 aus der Brusttasche seiner Uniformjacke.

Gerlach hebt, was ihn selbst überrascht, abwehrend die Hände, als Wegner mit dem Finger auf die Unterseite der Pappschachtel schnippt, worauf der gelbe Filter einer Zigarette erscheint. Er zieht das Angebot umgehend zurück.

»Kapitulant!«

Gerlach grient. »Lieber Kapitulant als krebskrank.«

»Hör doch uff mit dem Quatsch. Wenn man so lange schon roocht wie unsereiner, kommt es auf tausend oder fünftausend Kippen mehr oder weniger ooch nicht mehr druff an.«

Das Feuerzeug spuckt eine lange Flamme. Wegner führt sie zur Zigarettenspitze und zieht kräftig. Er inhaliert tief und stößt, den Kopf in den Nacken gelegt, den Qualm zur Decke.

»Also, was willstn wissen?«

»Alles.«

»War ein guter Mann. Einwandfreier Leumund, war im Betrieb gut gelitten. Oben und bei den Kollegen. Gesellschaftlich hielt er sich eher zurück, wenn du verstehst, was ich meine. Aber das nahm ihm keiner übel. Er zahlte seinen Beitrag, ging zu den Versammlungen, sonst aber hielt er die Klappe. Nischt mit irgendwelchen Selbstverpflichtungen und nochn Stück übern Plan und so. Verstehste?«

Gerlach versteht. »Und, war er jähzornig, hat er Krawall gemacht, trat er die Lehrlinge, wenn sie nicht spurten?«

Wegner schüttelt den Kopf. Das habe er nie erlebt. Brückner habe sich nur aufgeregt, wenn Material ausblieb und die Arbeit stockte. Dann sei er auch schon mal zur Leitung gestürmt und habe auf den Putz gehauen. »Die standen dann alle stramm, kann ich dir sagen.« Wegner feixt und nimmt einen Schluck aus der Tasse. »Brückner hat sich nicht den Schneid abkaufen lassen. Der wusste, was er wert war. Und sie wussten es auch. Schade, dass er nun tot ist.«

»Und du? Hattest du mal Probleme mit ihm?«

Paul Wegner schaut seinen Kollegen überrascht an. Die Frage, so verrät sein Blick, wirkt völlig absurd. Als habe er sich bei ihm erkundigt, ob Max Schmeling schwul sei oder Täve Schur demnächst wieder bei den Olympischen Spielen mitradeln würde.

»Mein Lieber, der hat daheim seine Werkstatt mit Werkzeug nur aus dem VEB Waggonbau ausgestattet. Gekauft wird er es nicht haben.«

»Ausgeschlossen. Der hat nicht geklaut. Der nicht.«

»Ich habe die Schlüssel, Schraubenzieher, Zwingen und das ganze Zeug mit eigenen Augen gesehen. Der hatte sich in seinem Schlafzimmer einen Verschlag abgetrennt und dahinter seinen Meisterbetrieb errichtet. Da absolvierte er seine zweite Schicht!«

Der Mann vom Betriebsschutz will es nicht glauben. Er schüttelt unablässig den Kopf. »Nie und nimmer. Unmöglich.« Seine Reaktion verrät allerdings nicht, ob sein Unmut Brückner oder seiner offensichtlichen Nachlässigkeit gilt. Wieso hat er es nicht gemerkt? Gut, er machte Taschenkontrolle grundsätzlich nur bei hinreichendem Verdacht. Er gehörte nicht zu jenen, die alle Betriebsangehörigen unter Generalverdacht stellte und am Werktor sich die geöffneten Taschen vorweisen ließ. Erstens wollte er sich nicht dem Gespött der Kollegen aussetzen, zweitens hätten die, die klauen wollten, dann andere Möglichkeiten gefunden. Und drittens schließlich glaubte er wirklich an das Gute in jedem Menschen. Mit dieser Überzeugung, dessen war er sich bewusst, hatte er zwar seinen Beruf verfehlt. Aber er kam damit weiter.

»Weiß der Alte schon davon?«

»Hast du Angst, dass dich Woschke rüffelt?«

Wegner macht eine abwehrende Bewegung mit dem rechten Arm, die genau das bestätigt, was sie verneinen sollte.

»Das war nicht Thema bei der Besprechung. Außerdem hat das geklaute Werkzeug nichts mit dem Mord zu tun. Ich habe es nur erwähnt, um etwas vom Heiligenschein zu nehmen, den ihr Brückner verpasst habt. Das war nicht der Mann, für den ihr ihn hieltet. Das war – Friede seiner Asche – ein Stinkstiebel. Der hat seine Frau geschlagen, er hat seinen Sohn geschuriegelt. Er hat seiner Familie daheim das Leben zur Hölle gemacht. Und davon habt ihr hier nichts bemerkt.«

»Ist das eine Frage oder eine Feststellung?«

»Wenn es eine Frage wäre, hätte ich sie gestellt.« Gerlach hat sich, wie er selbst verärgert bemerkt, in Rage geredet. Er muss Wegner nicht vorhalten, dass der von Brückners zwei Gesichtern nur eines kennt. Da geht es ihm wie den anderen Kollegen, die mit Brückner zusammengearbeitet haben. Niemand wird von denen bemerkt haben, was ihr Meister für ein Tyrann war. Da ist er sich ziemlich sicher. Wenn er sie dennoch anschließend befragen wird, dann einzig deshalb, um der Form und der Vorschrift Genüge zu tun.

»Beide arbeiteten doch hier im Betrieb …«

»Ja, aber in verschiedenen Abteilungen. Ich kenne den Norbert auch sehr gut. Ist ein ordentlicher Junge. Korrekt, höflich, freundlich.«

»Das hast du auch über den Vater gesagt. Trotzdem hat er seinen Vater erstochen.«

»Erstochen? Es hat geheißen, Brückner sei erschlagen worden.«

»Quatsch. Er hat ihm ein Küchenmesser durch die Rippen gejagt. Von hinten.«

»In den Rücken?«

»Nein. Von vorn. Er hat hinter ihm gestanden und dann von vorn zugestoßen. Einmal. Das war's.«

»Schrecklich.« Wegner bewegt seinen Kopf hin und her und zieht bereits an der zweiten Zigarette.

»Wir versuchen nun herauszubekommen, ob es mit Vorsatz oder im Affekt geschah. Das heißt, wir müssen die Vorgeschichte ermitteln. Aber die scheint es nicht zu geben, wenn ich den Berichten glaube. Brückner war allseits beliebt. Was also sollte der Sohn für einen Grund haben, seinen Vater umzubringen?«

»Jetzt, wo du es sagst, wird mir bewusst, dass ich die beiden hier im Betrieb nie zusammen gesehen habe. Wir haben hier etliche Väter und Söhne, es gibt sogar einige mit Vertretern aus drei Generationen. Richtige Arbeiterdynastien …«

»Ja, ich lese auch das *Neue Deutschland.*«

»… Also nicht mal in der Kantine haben sie zusammen gesessen. Oder bei Betriebsfeiern. Wenn die Jungs noch Lehrlinge sind, also ganz am Anfang, sitzen sie oft bei ihren Vätern. Das ist anfänglich ihre wichtigste Bezugs- und Vertrauensperson im Werk. Das ist ganz normal und verliert sich bald. Aber es ist nicht so, dass man sich aus dem Wege ginge.« Wegner macht eine Pause, als schaue er in sich hinein und mustere seine Erinnerung. »Nee, die beiden Brückners waren nie zusammen. Die sind sich aus dem Weg gegangen. Merkwürdig.«

»Was?«

»Dass mir das erst jetzt auffällt.«

»Kein Drama. Du kannst doch nicht alles sehen und registrieren.«

Wegner grient. »Das Auge des Gesetzes schläft nie!«

»Es verstößt gegen kein Gesetz, wenn Vater und Sohn sich meiden.« Gerlach bleibt ernst.

»Was schätzt du, wie viel er kriegt?

»Keine Ahnung. Du bist nicht der erste, der mich danach fragt.«

»Und ob er danach zu uns zurückkommt?«

»Schon möglich. Wer bei uns aus dem Strafvollzug entlassen wird, kriegt Arbeit und Wohnung, das weißt

Abrisswand in der Schmiede anno 2010 mit den Insignien einer proletarischen Vergangenheit

du doch. Die Einbindung in ein Arbeitskollektiv ist doch Teil seiner sozialen Re-Integration. Ihr werdet da gewiss einiges zu tun kriegen. Wäre ja dann nicht dein erster Knacki.«

Gerlach erhebt sich. »Ich schau mich mal ein wenig im Betrieb um. Zeig mir mal die Abteilung von Brückner und dann die Brigade, in der sein Sohn gearbeitet hat.«

Wegner nickt und greift sich die Mütze an der Garderobe. »Wann kann ich mir mal Brückners Privatwerkstatt ansehen?«

»Jetzt bist du neugierig geworden, was?« Oberleutnant Gerlach schaut auf die Uhr, als fände er die Antwort dort. »Sobald wir die Versiegelung beenden.«

»Und wann wird das sein.«

»Mensch, Paul, so lange bist du doch noch nicht weg von uns, dass du alles vergessen hast.«

Wegner schnieft vernehmlich. »Also in etwa einer Woche.«

»Frühestens«, sagt Gerlach. »Wenn nichts dazwischen kommt.«

Am Donnerstag erreicht ihn ein Anruf im VPKA. Es ist Dr. Gröger, der Stationsarzt, welcher für Klara Brückner zuständig ist. Die medizinischen Untersuchungen seien abgeschlossen, sagt er am Telefon, der psychische Zustand der Patientin sei stabil, der Genosse Oberleutnant könne kommen und sie befragen. Allerdings, Gröger hebt die Stimme, er bestehe darauf, dass eine Psychologin dem Gespräch beiwohne. Dabei betont der Mediziner das Wort »Gespräch«.

Gerlach registriert dies durchaus. Er hatte wiederholt bei dem Stationsarzt um eine »Zeugenvernehmung« nachgesucht, doch dieser hatte darauf ein wenig abweisend reagiert. Sie seien ein Krankenhaus, kein Kriminalgericht. Für ihn sei Frau Brückner sowohl Patientin als auch Kollegin, aber keine Zeugin.

Für uns schon, wollte Gerlach verärgert auf diese Belehrung reagieren, doch er hatte rechtzeitig seine Antwort hinuntergeschluckt und tapfer geschwiegen. Er wollte die spürbare Animosität des Stationsarztes ihm gegenüber nicht noch durch eine Provokation verstärken. Gröger hatte ihm eine Uhrzeit genannt, wann er kommen könne und hinzugefügt, dass er es begrüßen würde, käme er eine Viertelstunde früher. Dann hätten sie die Möglichkeit, sich unter vier Augen auszutauschen.

Von diesem Angebot will Gerlach unbedingt Gebrauch machen.

Pünktlich klopft er an die Tür des Arztzimmers. Er greift erst zur Klinke, als von drinnen ein scharfes »Herein« zu hören ist.

Gerlach öffnet und schiebt vorsichtig den Kopf durch den Spalt. Die Ehrfurcht vor den Göttern in Weiß steckt in ihm, seit er als Halbwüchsiger mit Masern in der Klinik lag. Er versteht sich selbst nicht. Er ist ein erwachsener Mann, Chef, kein Hanswurst, er hat eine dienstliche Mission. Und dennoch benimmt er sich wie ein devoter Feigling. Wenn ihn Woschke so sehen würde …

»Kommen Sie schon rein«, herrscht ihn Gröger an.

Dann ist er drinnen und folgt dem Fingerzeig, sich auf den Stuhl vor dem Schreibtisch zu setzen.

»Also, Herr Querlach …«

»Gerlach, Herr Doktor, mein Name ist Gerlach. Oberleutnant der K Gerlach.«

Gröger überspielt den Lapsus gekonnt. »Ach, was sind schon Namen, mein lieber Genosse. Sind wir nicht alle in der gleichen Partei?«

Gerlach schaut ein wenig irritiert.

Der Mediziner schlägt eine vor ihm liegende Mappe auf. »Tja, das schaut alles nicht sehr gut aus.«

Er hält einige Röntgenbilder gegen die Neonröhre. »Schauen Sie mal.«

Gerlach schaut, aber kann nichts erkennen. Das heißt natürlich sieht er helle und dunkle Stellen, doch er weiß diese nicht zu deuten. Gröger spürt die Unsicherheit des Kriminalisten. »Also wir haben zwei angebrochene Rippen, die schlecht zusammengewachsen sind, Verletzungen an beiden Schienbeinen, ein verheilter Bruch des Schlüsselbeins.«

»Was heißt das?«

»Erstens: Sie war damit bei keinem Arzt. Zweitens: So blöd und so oft stürzt kein erwachsener Mensch. Machen Sie sich darauf einen Vers.«

»Herr Doktor, wir können ganz offen miteinander reden: Würden Sie sagen, dass dies die Folge von Schlägen sind.«

»Mit sehr großer Wahrscheinlichkeit. Die Frau ist 1,58 Meter groß, wiegt keine 49 Kilo. Da gehört nicht viel dazu, um ihr die Rippen zu brechen.« Gröger macht eine Pause. »Ich nehme das zwar nicht auf meinen Eid, aber ich bin der Überzeugung, dass diese Frau jahrelang gequält worden ist. Warum sie das mit sich hat machen lassen, müssen Sie herausbekommen. Das ist nicht meine Aufgabe. Ich muss heilen, geholfen wurde ihr ja bereits ...«

Die Anspielung klingt ein wenig zynisch, aber trifft den Sachverhalt durchaus.

Es klopft. »Das wird die Kollegin sein, die dem Gespräch mit der Patientin beiwohnen wird. Sie soll nur eingreifen, wenn sie merkt, dass Frau Brückner überfordert ist oder zu sehr aufgewühlt wird. Sie dürfen nicht vergessen: Sie hat ihren Lebensgefährten verloren, auf den sie fixiert war, trotz alledem. Hätte es diese Bindung nicht gegeben, wäre sie gegangen. Das ist, ich weiß, irgendwie irrational und mit normalem Verstand nicht zu begreifen. Wobei«, Gröger korrigiert sich, »Frau Brückner ist weder anormal noch geistig gestört. Die menschliche Psyche ist schon ziemlich kompliziert.«

Zum zweiten Mal klopft es an die Tür. »Kommen Sie, ich bringe sie zum Krankenzimmer.«

Draußen steht eine Frau mittleren Alters im Kostüm, unterm Arm trägt sie eine Kollegmappe. Sie hat von allem zuviel: zuviel Rot auf den Lippen, zuviel Rouge auf den Wangen, zuviel Tusche auf den Wimpern, zu dunkle Schatten auf den Lidern. Selbst beim

Kinn hat sie nicht gespart. Das ist doppelt. »Ich bin Frau Hannff mit Doppel-N und Doppel-F.«

»Freut mich. Ich bin Dr. Gröger mit Einfach-Ö. Und das ist Herr …«

Gerlach beeilt sich, seinen Namen selbst zu nennen, ehe Gröger diesen neuerlich verballhornt. Der schaut anerkennend zu dem Mann von etwa 1,85 Meter hinauf, weil der sich auf dieses Spiel mit ihm eingelassen hat. Gröger hasst Duckmäuser, die alles mit sich anstellen lassen. Wenn jemand wie Gerlach dagegen hält, gefällt ihm das schon eher.

»Frau Hannff, Sie wurden instruiert?«

»Ja, ich habe aber nur eine Stunde. Dann muss ich zu einer medizinische Sitzung in meiner Praxis.«

»Verehrte Kollegin«, Gröger kann nur unschwer seine Heiterkeit unterdrücken, »ich werde Sie nicht daran hindern, Ihr Bankguthaben zu mehren.«

»Herr Dr. Gröger, ich vermehre nicht mein Bankguthaben, sondern verdiene meine Brötchen. Im Unterschied zu Ihnen bin ich nämlich selbständig und frei.«

»Frei? Wer von uns kann das schon von sich behaupten? … Kommen Sie, ich gehe voran.«

Klara Brückner erwartet Gerlach bereits und zeigt sich überrascht, dass er in Begleitung ist. Gerlach stellt die Psychologin vor und informiert über deren Funktion. Die nimmt einen Stuhl und zieht sich in den hintersten Winkel zurück. »Ich bin gar nicht da«, sagt sie und fließt auf dem weißen Holzstuhl auseinander. Das kann man ihr nur schwer abkaufen, denn ein solcher Tuschkasten ist kaum zu übersehen. Frau Brückner, die kerzengerade im aufgerichteten Bett sitzt, kann den Blick von diesem Pummel nicht losreißen.

Gerlach setzt sich auf den Stuhl neben dem Nachtschrank und beginnt einfühlend-harmlos.

»Wie fühlen Sie sich, Frau Brückner?«

Die kleine Frau mit der spitzen Nase hebt die schmalen Schultern. Gerlach merkt: blöde Frage, schlechter Anfang. »Ich meine …«

»Bringen wir es hinter uns. Stellen Sie Ihre Fragen, und ich werde Sie beantworten, so gut ich kann.«

Gerlach nickt und klappt sein Notizbuch auf. In seinem Schreibtisch stapeln sich die postkartengroßen Bücher mit dem hellblauen Pappeinband. Sie passen in jede Jacketttasche und sind darum immer griffbereit. Darin notiert er, was später mit der Schreibmaschine zu einem Berichtet verdichtet wird.

Er weiß, dass sich die meisten Zeugen erst locker reden müssen. Am besten können sie das, wenn sie ihren Lebenslauf erzählen, beginnend bei der Kindheit. Dann kommen sie von selbst zum eigentlichen Thema. Da muss er nur noch nachfragen.

»Wo sind Sie aufgewachsen, woher stammen Sie?«, beginnt Gerlach und hört von einer schweren Kindheit in Hirschberg, das heute Jelenia Góra heißt und in Polen liegt. Die Menschen am Rande des schlesischen Riesengebirges wären nicht nur arm und sparsam, sondern auch besonders verlässlich und treu. Ein einmal gegebenes Wort werde gehalten und nie gebrochen. Und sie würden ihr höchstes Glück in der Selbstopferung finden, weshalb sie selbst auch Krankenpflegerin geworden sei.

»Sie meinen Selbstaufgabe?«

»Neinnein, ich meine schon, was ich sage. Es gehört zur menschlichen Natur, sich für andere aufzuopfern, ihnen zu helfen.«

»Sind Sie religiös.«

»In die Kirche gehe ich nicht. Aber ich glaube schon daran, dass unser Leben vorbestimmt ist.«

Vor der heranrückenden Front sei sie, inzwischen 21 Jahre alt, mit den Eltern und der zwei Jahre jüngeren Schwester nach Görlitz geflüchtet. Dort wären sie bei Verwandten untergekommen. Sie habe sich im Krankenhaus gemeldet, das war mehr Lazarett denn Hospital. Überall hätten verwundete Soldaten gelegen. Erst deutsche, dann russische und polnische. Und dazu die Flüchtlinge. Ärzte und Schwestern hätten ohne Pause gearbeitet. Es war eine harte Zeit.

»In diesem Krankenhaus hier?«

»In diesem.«

1948, fast war so etwas wie Normalität eingekehrt, hatten sie einen Notfall. Ein junger Mann, aus amerikanischer Kriegsgefangenschaft entlassen, laborierte an einem vereiterten Blinddarm. Nach der OP und bereits auf dem Wege der Genesung, begann er zu erzählen. Von der großen weiten Welt und den Abenteuern, die man dort bestehen kann. Mit glühenden Wangen und staunenden Augen lauscht ihm Schwester Klara, die außer Hirschberg und Görlitz noch nichts von der Welt gesehen hat. Der Mann ist dankbar, dass er eine Zuhörerin gefunden hat, welche ihm nicht nur Aufmerksamkeit, sondern auch Bewunderung schenkt. So berichtet er denn wortreich und anschaulich, wie er mit Rommels Truppen in Nordafrika kämpfte und dort in Gefangenschaft geriet. Wie er von dort per Schiff nach Amerika kam und in ein Camp im Nordosten der USA. Später wäre es mit dem angehmen Leben dort vorbei gewesen. Man habe sie in ein Bergwerk in Pennsylvania gesteckt. Vier Jahre habe er Kohle gebrochen, ehe man sie wieder über den Ozean geschickt habe. Und nun sei er hier.

Warum?

Der Mann schweigt.

Dann langt er zum Nachtschrank und holt ein Kuvert. Bevor er nach Nordafrika gemusst habe, hätte er geheiratet. Dann sei eine Tochter geboren worden, die er nie sah. Bevor er in Kriegsgefangenschaft geriet, habe er ein Foto von seiner Frau und seiner Tochter geschickt bekommen. Das Bild habe ihn stets begleitet. Es habe ihm Mut gemacht, es half ihm die schwere Zeit in der Gefangenschaft zu überstehen. Sein ganzes Sinnen und Hoffen wäre darauf konzentriert gewesen, seine Familie in die Arme schließen zu können. Doch kurz bevor sie in Pennsylvania aufbrachen, bekam er diesen Brief von seinem Onkel. Er strich den Bogen glatt und reichte ihn der Krankenschwester. Handschriftlich stand dort: »Habe Mut, mein Junge, alles wird gut.« Und darunter war eine Anzeige aus der Zeitung geklebt, die den Tod einer Frau und den ihrer Tochter anzeigte. Die Sterbedaten lagen zwei Wochen auseinander. Erst war die Mutter gestorben, dann das Kind.

Die Krankenschwester erinnerte sich an jenen Nachkriegswinter, als die Diphtherie in der Stadt wütete und Hunderte dahinraffte. Es gab keine Medikamente, keine Impfstoffe, alles war aufgebraucht, die hygienischen Verhältnisse waren zudem erbärmlich.

»Ich war mitschuldig an ihrem Tod«, sagt Karla Brückner, und ihre Hände krampfen sich in den Bettbezug. »Ich habe im Krankenhaus gearbeitet, in das beide eingeliefert waren. Wissen Sie, wie mich das damals traf, als ich mir meiner Schuld bewusst wurde.«

Gerlach ist auf diese dramatische Wendung des Berichts nicht vorbereitet. »Frau Brückner, Sie sind so wenig Schuld am Tod dieser beiden Menschen wie Sie schuldig waren am Krieg.«

Die Frau schüttelt den Kopf. Sie bleibt bei dieser Auffassung. Abrupt beendet sie den Gefühlsausbruch. »Wir haben dann geheiratet. Gerhard hat Arbeit im Waggonbau gefunden. Gemeinsam haben wir die Gräber seiner Frau und seiner Tochter gepflegt.«

»War er ein guter Ehemann?« Gerlach fragt vorsichtig nach.

»Was heißt gut. Wir mussten uns erst aneinander gewöhnen. Die Umstände, unter denen wir lebten, waren schwer. Manchmal brach es aus ihm raus. Beim Abendessen warf er schon mal eine Tasse gegen die Wand, wenn ihm etwas nicht gefiel.«

»Er war jähzornig?«

»Vielleicht. Kann auch sein, dass es der Schmerz über den Verlust seiner Familie war. Wer kennt sich da schon mit aus, man kann ja nicht in den Menschen hineinschauen.«

»Wie haben Sie reagiert?«

»Verärgert.«

»Was heißt das?«

»Ich habe ihm gesagt, dass das so nicht geht, Geschirr ist knapp. Dann gelobte er Besserung und meinte, er sei überarbeitet, ich solle ihm das nachsehen.«

»Haben Sie es?«

»Ja, natürlich, wir waren schließlich Mann und Frau und aufeinander angewiesen. Allerdings hatte ich zunehmend das Gefühl, als wollte er an mir persönlich Rache nehmen, dass ich Schuld am Tod seiner

Frau und seiner Tochter war. Als Norbert, unser Sohn, 1953 zur Welt kam, schien sich das Problem zunächst zu lösen.«

Gerlach blickt vom Notizbuch auf. »Wie war das Verhältnis Ihres Mannes zu Norbert?«

»Anfänglich war er regelrecht vernarrt in das Kind. Aber dann kamen Tage, da kam er vom Bettchen in die Küche und fing an zu streiten. Nichtige Anlässe ließen ihn explodieren, er beherrschte sich zunehmend weniger. Einmal war ich für eine erkrankte Kollegin in der Klinik eingesprungen, deshalb kam nicht, wie gewohnt, das Abendbrot rechtzeitig auf den Tisch. Da hat er mich geohrfeigt. Zum ersten Mal hatte er mich geschlagen.«

»Haben Sie das hingenommen?«

»Natürlich nicht. Ich habe Norbert, der alles von seinem Stühlchen aus beobachtet hatte, genommen und bin gegangen. Das heißt: Ich wollte gehen, doch er hat mich daran gehindert. Er bat mich heulend um Verzeihung, es täte ihm alles leid, er verstünde sich manchmal selbst nicht. Ich spürte, dass etwas mit seiner Seele nicht stimmte.«

»Wie sind Sie damit umgegangen?«

»Ich habe am nächsten Tag im Krankenhaus gekündigt. Ich wollte nur noch für meinen Sohn und meinen Mann da sein. Ich wollte ihm helfen, seinen Schmerz zu überwinden.«

Die Psychologin klappert mit ihren überdimensionierten Ohrringen. Gerlach wendet den Blick, will sie etwas sagen? Es sieht nicht danach aus. Es ist auch nicht ihre Aufgabe, Kommentare zu liefern. Zumindest nicht während der Vernehmung. Er ist kein Seelenklempner, aber an der Schule hatten sie auch Vorlesungen in Psychologie, soviel versteht er von der Materie allemal, dass er ein Helfersyndrom als Helfersyndrom erkennt. Und dass er weiß, wie eine Eskalationskette aussieht, deren Glieder sich zwanghaft aneinanderfügen. Eigentlich sind Fälle wie diese nicht nur für den Staatsanwalt, sondern auch für Psychiater, das sind Lehrbeispiele für angehende Psychologen, an denen sich alles durchdeklinieren lässt. So undurchschaubar und mystisch ist die menschliche Seele nun doch nicht, denkt Gerlach.

»Sagen Sie mal, Frau Brückner, was hat es mit der Werkstatt auf sich? Seit wann gibt es die?« Der Kriminalist möchte auf ein Nebengleis ausweichen, um ein wenig Druck aus dem Kessel zu nehmen. Er hat sich jedoch verspekuliert, wie er gleich merkt. Das ist ein neuralgischer Punkt.

Die Angesprochene winkt heftig ab. »Hören Sie auf. Er zog eines Tages eine Trennwand durchs Schlafzimmer und richtete sich in dem Verschlag seine Werkstatt ein. Zunächst glaubte ich, er mache es, um Geld dazuzuverdienen, weil er Reparaturen für fremde Leute gegen Bezahlung ausführte. Als wenn sein Gehalt nicht zum Leben reichte. Ich könne ja wieder arbeiten gehen, sagte ich, und bekam einen wütenden Tritt vors Schienbein. Erst dachte ich wirklich, es wäre nur des Geldes wegen und fühlte mich schon wieder schuldig. Doch dann entdeckte ich in der untersten Schublade des Werkzeugschrankes das Bild seiner verstorbenen Frau mit dem Kind auf dem Arm.«

Gerlach versucht sich an einer Interpretation. »Sie wollen damit sagen, dass er die Werkstatt auch als eine Art Gedenkstätte betrachtete, wo er mit seiner anderen Familie vereint war.«

Abriss des einstigen Arbeitsplatzes von Gerhard Brückner und anderen Görlitzer Waggonbauern, 2009

Vermutlich, sagt Frau Brückner. Es war sein Reich, in dem er herrschte. Zwar war er im Betrieb Meister, gleichsam ein Halbgott. Dort, in seinem Verschlag aber, war er Alleinherrscher. Da war niemand mehr über ihm, keiner konnte ihm etwas sagen, ihm was vorschreiben. »Aber Sie haben Recht: Die Wand durchs Schlafzimmer war zugleich wie ein Trennlinie, wie ein Keil. Gleich einer dritten Person hatte sie sich in unser Leben gedrängt. Gerhard schlug nicht nur, er betrog mich auch.«

»Ging er fremd?« Gerlach zeigt, dass er nun doch nicht der einfühlsame Psychologe war. In der Ecke klappert das Ohrgehänge.

»Ich meine, gab es neben der verstorbenen Frau auf dem Foto und Ihnen eine weitere?«

Klara Brückner schüttelt heftig den Kopf. »Nein, wie kommen Sie darauf? In dieser Hinsicht war Gerhard hundertprozentig treu. Ich meinte das Fremdgehen in einem übertragenen Sinne. Wenn er in seinem

Kabuff verschwand, war er völlig entrückt, also nicht nur optisch aus meinem Gesichtsfeld entschwunden. Verstehen Sie?«

Gerlach nickt. Nun hatte er es geschnallt. Langsam nähert er sich dem zentralen Komplex, der Tat am vergangenen Samstag. Wie sich zeigt, kann Klara Brückner kaum Details zum Ablauf schildern, weil sie nebenan im Bett lag. Aber letztlich ist das auch unerheblich. Die Görlitzer Kriminalisten wissen, was geschehen ist, es gibt eine Leiche und einen geständigen Täter, die Hintergründe und Zusammenhänge sind ermittelt, man kann die Akten schließen und sie der Staatsanwaltschaft in Dresden zustellen. Er verabschiedet sich freundlich. »Wissen Sie schon, wohin Sie zunächst gehen, wenn Sie aus dem Krankenhaus entlassen werden?«

»Ich hoffe, dass ich in meine Wohnung kann. Oder darf ich nicht?« Die Frage klingt wie ein Vorwurf.

»Doch, können Sie, sobald wir sie freigegeben haben«, beeilt sich Gerlach zu versichern. »Es kann sich nur noch um Tage handeln. Ich dachte jedoch, dass Sie …«

»Sie meinen, dass ich immer in Ohnmacht falle, sobald ich die Küche betrete? Dass mir schlecht wird, wenn ich beim Frühstück auf den Fußboden starre und mir sage: Da hat er gelegen, als er seinen letzten Atemzug gemacht? Die Sorge ist unbegründet, diese Erinnerung wird, hoffe ich, bald aus dem Leben verschwinden. Aber vielleicht suche ich mir eine kleinere Wohnung. Und Arbeit natürlich. Norbert und Regina hatten mir zwar angeboten, zu ihnen zu ziehen, wenn sie geheiratet haben, doch wann das sein wird, steht augenblicklich in den Sternen …«

Gerlach nickt. Auch er weiß nicht, wie lange Norbert Brückner inhaftiert sein wird und ob die Liebe diese Zeit überdauert. »Regina hat Ihnen doch angeboten, dass Sie so lange bei ihnen wohnen könnten, bis Sie wieder in Ihre Wohnung dürfen.«

»Das werde ich auch tun.«

Brückner greift nach ihrer Hand. Er spürt die weiche Haut und die Knochen darunter. Entgegen seiner sonstigen Gewohnheit, fest zuzudrücken, unterlässt er es diesmal. Kein proletarischer Klammergriff wie üblich, keine Kampfansage an Weicheier. Wenn er etwas hasst, dann sind es kraftlos zum Gruß gereichte Hände. Und manche sind zudem auch noch feucht, dass eine der Ekel befällt, als greife man in eine feuchte Windel. Er drückt nicht zu, dennoch stöhnt Frau Brückner schmerzhaft auf. »O, entschuldigen Sie, bitte«, entfährt es Gerlach.

Sie lächelt ein wenig. »Schon gut. Auch das werde ich überstehen.«

Die nervöse Psychologien mit dem beeindruckenden Make-up und dem klappernden Modeschmuck erwartet ihn bereits an der Tür. Sie lässt dem Oberleutnant den Vortritt und ruft ein »Auf Wiedersehen« ins Krankenzimmer, ehe sie die Tür schließt.

»So, ich muss los«, sagt sie und schaut demonstrativ auf ihre Uhr, die fast so breit ist wie ihr unförmiges Handgelenk.

»Gibt es keine Manöverkritik?« Gerlach wirkt ein wenig verstört. »Sollten wir uns nicht kurz austauschen? Mich würde schon Ihre Meinung interessieren?«

»Worüber? Über Ihre Gesprächsführung oder über die Reaktionen der Patientin?«

Gerlach will natürlich beides wissen, denn ein Außenstehender, zumal vom Fach, sieht nicht nur anders, sondern auch mehr als ein Beteiligter.

Die beiden eilen den Gang entlang in Richtung des Arztzimmers. Schon nach wenigen Schritten wird der Atem kürzer, Frau Hannff bleibt stehen. »Ich finde, dass es nichts zu beanstanden gab. Sie haben zwar stringent gefragt, unbeirrt Ihr Ziel verfolgt, aber in keiner Phase die Patientin genötigt oder gar unter Druck gesetzt. Und diese selbst? Nun, sie wird noch einige Zeit brauchen, um alles seelisch zu verarbeiten. Aber der Prozess der inneren Trennung, der Abnabelung von ihrem Mann begann nicht erst bei dessen Tod. Nach meinem Eindruck setzte der bereits vor drei Jahren ein, als der Sohn seine jetzige Verlobte kennenlernte. Die scheint sehr resolut, sehr selbstbewusst, sehr modern zu sein. Damit hat sie die Ehe der Brückners nicht nur infrage gestellt, sondern auch bei Frau Brückner selbst Fragen provoziert: Wer bin ich, was bin ich wert, was mache ich aus meinem Leben? Also die Sinnfragen des Lebens, und diese im Spannungsfeld einer zerstörerischen Partnerschaft. Auch nach zwanzig Ehejahren kann man eine Ehe zur Disposition stellen. Sie selbst hatte bis jetzt diese Problem noch nicht abschließend geklärt. Die Entscheidung traf ihr Sohn am letzten Samstag. Damit aber kann sie umgehen.«

Gerlach hat aufmerksam zugehört. »War sich der Sohn bewusst, dass er ihr die Entscheidung abnahm.«

»Nein, glaube ich nicht. Der hat im Affekt gehandelt. Auch ohne dass ich Norbert Brückner persönlich kenne, unterstelle ich ihm, ohne Vorsatz getötet zu haben. Der Vater wird ihn provoziert haben. Das war der berühmte letzte Tropfen, der das Fass zum Überlaufen brachte.«

Die Vernehmung des Täters in Dresden durch die Morduntersuchungskommission bestätigt genau diese Vermutung der Psychologin in Dresden. Brückner ist aussagewillig und lässt alles geduldig über sich ergehen. Beim Freigang in der U-Haftanstalt begleiten ihn die Blicke der anderen Gefangenen. Er meint, eine Mischung aus Verachtung und Bewunderung zu beobachten, doch das berührt ihn wenig. Mörder gibt es nur wenige, wie es scheint.

Der Pflichtverteidiger, der ihm zugeführt wird, versucht ihm Mut zuzusprechen. Das wird schon, sagt er immer wieder, auch wenn das psychiatrische Gutachten Gegenteiliges vermuten lässt. Die Untersuchung bescheinigte Norbert Brückner eine überdurchschnittliche Intelligenz und Auffassungsgabe, ein normales Selbstbewusstsein und ein hohes Verantwortungsgefühl. Man stellte weder irgendwelche Neurosen noch Bewusstseinsstörungen fest, die in der Regel zu Zwangshandlungen führen. Auch fehlte ihm jeder Hang zu Aggressivität, was angesichts dieses Vaters als fast erstaunlich gelten kann. Die charakterlichen Anlagen, die unter normalen Umständen attestiert jedem zur Ehre gereichten, verkehren sich hier in ihr Gegenteil. Das Fazit nämlich lautet: Norbert Brückner ist voll verantwortlich für die Tat. Der Trost seines Pflichtverteidigers klingt darum in den Ohren von Norbert Brückner wie eine Pflichtübung. Es braucht einige Zeit, ehe zwischen beiden Vertrauen entsteht. Doch diese Zeit haben sie nicht. Die Verantwortlichen drängen auf ein baldiges Verfahren, sie wollen die Sache schnell vom Tisch haben. Und das möglichst lautlos. Mit Morden schmückt man sich nicht.

Die Verhandlung findet im Kleinen Saal des Bezirksgerichts statt. Und selbst dort verlieren sich die wenigen Zuschauer auf den Bänken. Es wurden, wie üblich, einige Arbeitskollegen des Täters eingeladen, die Angehörigen sowieso und Vertreter der Öffentlichkeit, die niemand kennt und deren Funktion und Interesse im Verborgenen bleiben. Die Presse ist nicht geladen. Wenn die Nachricht von der Verurteilung eines Täters den Weg in die Zeitung findet, dann in Gestalt einer kleinen Meldung, die zuvor über viele Schreibtische gewandert ist. Meist wird sie nicht einmal in der Pressestelle des Gerichts verfasst, denn über die gesellschaftliche Relevanz einer solchen Mitteilung entscheidet in der Regel auch die gesellschaftlich führende Kraft. Sie ist für alles in diesem Lande verantwortlich, also auch dafür, ob man in Görlitz in der Zeitung lesen kann, ob der Mörder von Gerhard B. rechtskräftig verurteilt wurde oder nicht.

Nun hängt das Seelenheil der Zeitung lesenden Staatsbürger nicht von Menge und Umfang der Polizeimeldungen ab. Wenn man täglich von Verbrechen und deren Verfolgung liest, können einem schon Zweifel an der Sicherheit im Lande kommen. Denn das sichere Gefühl, aufgehoben und beschützt zu sein, ist wichtig. Wichtiger jedenfalls als Informationen, die eben daran zweifeln lassen. So ist es denn immer eine Güterabwegung zwischen Wahrhaftigkeit und Wahrnehmung. Und zumeist entscheidet man sich für das vermeintliche Wohlfühlgefühl denn für die nackte, brutale Wahrheit. Warum soll man »unsere Menschen« unnötig erregen, sie verunsichern, ihnen den falschen Schluss suggerieren, man habe nicht alles im Griff.

Der Richter, die Schöffen, Staatsanwalt und Verteidiger mühen sich redlich. Sie erledigen ihren Job ehrlich und reinen Herzens. Sie prüfen und wägen ab, bewerten die Umstände, die zu jener grausamen Bluttat führte.

Selbst der Staatsanwalt kommt nicht umhin, in seinem Plädoyer zu schildern, wie Norbert Brückner Zeit seines jungen Lebens nicht nur Opfer fortgesetzter Drangsal, sondern auch deren Zeuge wurde. Bereits als Kleinkind musste er mit ansehen, wie der Vater seine Mutter anschrie, sie schlug, Geschirr zu Boden oder an die Wand schleuderte, wenn ihm etwas nicht passte. Nüchtern oder betrunken, ohne erkennbaren Anlass oder mit Ansage, aus heiterem Himmel oder am Ende eines langen Streits. Das Familienleben glich einem Martyrium. Norbert Brückner strengte sich in der Schule an, um nicht mit schlechten Noten nach Hause zu kommen, für die seine Mutter verantwortlich gemacht wurde. Angst treibt ihn um, weniger um sich selbst, sondern um seine Mutter.

Zwischen den Zeilen schwingt das Erstaunen des Staatsanwalts mit, dass sich unter solchen Umständen dieses Kind »normal« entwickelt habe und keine Schäden zurückblieben, was durch das Gutachten herausgestellt worden sei.

Gänzlich unberührt jedoch bleibt im Plädoyer die Tatsache, wie sich hinter der heilen Fassade, unbemerkt von Nachbarn und Arbeitskollegen, Unheilvolles zutragen konnte. Natürlich hat jeder Mensch, hat jede Familie auch in der DDR das Recht auf eine ungestörte Privatsphäre. Aber niemand kann in einer Gesellschaft und zugleich auch außerhalb der Gesellschaft leben. Das heißt, dass die Gesellschaft durchaus das Recht und wohl auch die Pflicht hat, gelegentlich hinter die Fassade zu blicken oder zumindest nachzufragen, ob die Familienwelt tatsächlich so heil ist, wie man es der Außenwelt vermittelt.

Und es hat durchaus Anlass gegeben, auch im Falle Brückner diese Frage zu stellen. Etwa damals, als Norbert Brückner mit seiner Freundin in der Parteileitung des VEB Waggonbau vorstellig wurde und berichtete, dass sein Vater seine Mutter schlüge. Man kann dem Parteisekretär nicht vorhalten, dass er nichts unternommen habe. Man muss ihm allerdings vorwerfen, dass er inkonsequent war und das Falsche getan zu haben. Naiv zu meinen, ein Gespräch mit erhobenem Zeigefinger würde den Genossen Brückner zur Umkehr veranlassen.

Nein, derlei Fragen warfen weder Staatsanwalt noch Richter auf. Ihr Fokus richtete sich ausschließlich auf die Tat, das psychologische Gründeln und das Ausleuchten des gesellschaftlichen Umfeldes war ihre Sache nicht.

So kann das Urteil nicht überraschen, dass schließlich im Namen des Volkes in Dresden verkündet wird. Es lautet zehn Jahre. Wer seinen Vater, den Erzeuger und Ernährer, ersticht, kann nicht mit mildernden Umständen oder gar Nachsicht rechnen.

Norbert Brückner nimmt das Urteil, wie man so sagt, gefasst auf. Er bricht weder in Tränen aus noch zusammen. Er hört stumm die Begründung des Urteils und blickt dabei immer wieder zu Regina, seiner

Verlobten, hinüber. Sie sitzt neben seiner Mutter, deren Hand sie umklammert hält.

Zehn Jahre, denkt Norbert Brückner. Wenn ich rauskomme, bin ich dreißig. Da habe ich noch mehr als das halbe Leben vor mir. Aber zehn Jahre sind 3.650 Tage, und wohl die besten, die man im Leben hat. Aber verspürt er deshalb Reue? Dieses Wort hat er in seinen Ausführungen stets vermieden. Wie er es auch mit Vorsatz unterließ zu erklären, er würde es jederzeit wieder tun. Nein, er steht zu seiner Tat und ist sich selbst im Zweifel, ob er es noch einmal versuchen würde, hätte sein Vater damals überlebt.

Von den zehn Jahren sitzt Norbert Brückner acht ab. Zwei Jahre werden ihm wegen guter Führung erlassen.

Nach seiner Entlassung heiratet er Regina Möller. Die Beziehung überdauert die Trennung.

Klara Brückner lebte in jener Zeit bei der Verlobten seiner Tochter. Wenige Monate nach der Trauung stirbt sie. Auch das ist ein Grund für Regina und Norbert Brückner, alle Brücken hinter sich abzubrechen und Görlitz zu verlassen.

Sie leben heute in Thüringen.

Görlitzer Goldbroiler

»Der Ossi ist tot!« Der Schrei rollt durch den Zellentrakt der JVA Nürnberg. »Diese dumme Nuss!« Der junge Beamte, der die Ausgabe des Frühstücks überwacht und die Verwahrräume aufsperrt, hat die drittletzte Tür im Gang geöffnet. Am Fenster hängt ein Mann. Sein Kopf neigt sich zur Schulter, der Mund ist leicht geöffnet, der Hals steckt in einer Schlinge, die aus Streifen des Bettlakens geknüpft ist. Die Beine baumeln schuhlos. Im Schritt ist die Hose dunkel gefärbt, die Schließmuskeln haben ihren Dienst quittiert, als das Herz seine Tätigkeit einstellte. Das scheint schon vor einigen Stunden gewesen zu sein.

»So eine dumme Nuss!«

Der Wärter ist gleichermaßen konsterniert wie betrübt, doch das Mitleid gilt weniger dem offensichtlich Dahingegangenen – wobei: von Gehen kann bei einem Erhängten schlechterdings die Rede sein – sondern mehr sich selbst. Er weiß nun, was auf sie zukommt. Das ganze Prozedere der Ermittlungen und Schuldzuweisungen mit anschließender Auswertung hat er schon einmal durch. Danach würde es wieder einen Lehrgang über Suizidprävention in Justizvollzugsanstalten geben. Sie müssten dann wieder irgendwelchen Psychoscheiß über sich ergehen lassen, damit sie künftig verhinderten, dass sich jemand in seiner Zelle auffädelte. Mein Gott, dass lässt sich nun mal nicht verhindern. Es sei denn, man installierte in jedem Verwahrraum eine Kamera, und rund um die

Uhr starrten JVA-Beamte auf eine Monitorwand und verfolgten jede Bewegung der Knackis. Hier in Nürnberg, im gleichen Knast, hatte sich der fette Göring selbst unter den Augen seiner Bewacher mit Zyankali aus dem Leben gestohlen. Er war weder der erste noch der letzte Verbrecher, der dem Henker den Daumen zeigte, indem er diesem die Arbeit ersparte. Der Ossi hier saß wegen Mordes schon knapp zwei Jahre. Heute war der 18. Juli 2005. Bei guter Führung wäre er 2010, 2011 wieder draußen. Warum also dieser Abgang? Warum machte der ihnen in der JVA noch solchen Ärger? Ach, diese Ossis: Nicht nur lebend waren sie ein Problem.

Der Beamte sperrte die Tür ab. »Weitermachen«, sagte er zu den Essenverteilern, »ich informiere nur die Leitung. Ein Frühstück könnt ihr heute sparen.«

»Hat Bath die Flatter gemacht?«

Der Mann in Uniform nickte. »Aber richtig.«

Dann machte er sich eiligen Schrittes davon. Der Arzt muss ran, die Kriminalpolizei, der Staatsanwalt, der ganze Rattenschwanz von Wichtigtuern und Bedenkenträgern, Innenministerium inklusive. Dann würden sie eine Meldung an die Presse herausgeben, dass der 61-jährige Dietmar B., wegen Mordes und anderer Delikte in der JVA Nürnberg einsitzend, sich in seiner Zelle das Leben genommen habe.

Nürnberg. Nürnberg? Die Naseweisen würden wieder sagen: Das ist doch der Knast hinter dem Justizpalast in der Fürther Straße, wo nach dem Krieg das Internationale Militärtribunal über die Nazigrößen und ihre Helfer aus der Wirtschaft, über Militärs, Mediziner und Bankiers zu Gericht saß. Ja, gibt es denn tatsächlich dieses Gefängnis noch? Natürlich gibt es das noch. Zwar sicherheitstechnisch modernisiert, aber im Wesentlichen ist es der alte Knast. Das hatte auch Dietmar Bath gleich bemerkt, als er von München-Stadelheim hierher verlegt worden war. Nach Prozess und Urteilsverkündung in Bayerns Landeshauptstadt war er in diesen Kasten nach Franken abgeschoben worden. Das empfand er als demütigend, als sozialen Abstieg. Das hatte er einfach nicht verdient. Ein Narziss wie er brauchte Aufmerksamkeit. Und keinen historisch belasteten Ort.

Wie stets hatte Bath auch hinter dieser Entscheidung böswillige Absicht vermutet. Sein Vater war schließlich Hauptmann in der Wehrmacht gewesen. Da wollte offenbar einer von den Winkeladvokaten, von diesen juristischen Flohknackern, dass sich der Kreis schlösse. Natürlich, er war so wenig ein Nazi-Verbrecher wie vielleicht sein Vater, an den er im Übrigen keinerlei Erinnerung hatte. Doch wie jener hatte

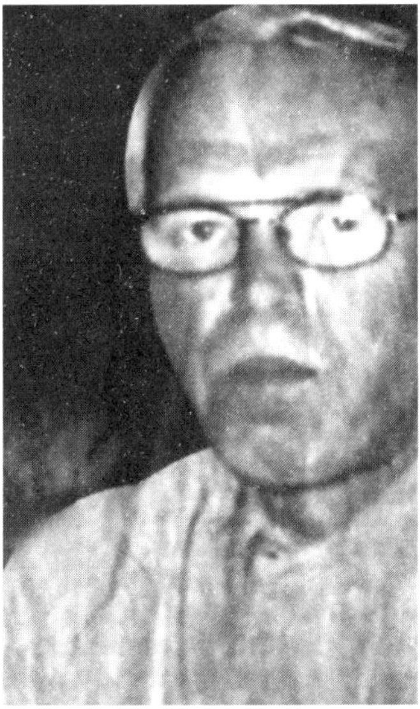

Dietmar Bath, 2002

auch er getötet. Aha, wird der Münchner Richter gedacht haben, dann schicken wir den folgerichtig nach Nürnberg, wo schon einmal zwölf Schwerverbrecher zur Hölle geschickt worden waren.

Bath war durchaus im Bilde. In den wenigen Tagen, die er hier zubrachte, hatte er sich ausführlich in der Gefängnisbibliothek informiert. Ribbentrop, Hitlers Außenminister, war als erster am frühen Morgen des 16. Oktober 1946 zum Galgen geführt worden und hatte, der Henker hielt schon die Schlinge, mit Pathos ausgerufen: »Gott schütze Deutschland, Gott sei meiner Seele gnädig! Mein letzter Wunsch ist, dass Deutschland seine Einheit wieder findet, dass eine Verständigung zwischen Ost und West zustande kommt und Frieden in der Welt regieren möge.« Dann öffnete sich die Falltür unter seinen Füßen, doch in der Eile hatten die Zimmerleute die Fallhöhe zu niedrig angesetzt, so dass beim Sturz in die Tiefe nicht das Genick des Strangulierten brach, sondern der Strick ihn erwürgte. ›Wie bei Hanna‹, dachte Bath, als er das las. Bei Ribbentrop war es nach einer Viertelstunde vorbei, bei Hanna dauerte es vermutlich ein wenig länger.

Auch der letzte Satz Ribbentrops hatte ihm zu denken gegeben. Dessen frommer Wunsch war 1990 in Erfüllung gegangen, Deutschland hatte »seine Einheit« wieder gefunden, was ihn, Bath, jedoch in Görlitz damals aus der Bahn geworfen hatte. Deutschland war ganz, aber er kaputt. Es konnte kein Zufall sein, dass ausgerechnet damals der Ärger anfing.

In dieser Nacht, seiner letzten, lag Bath auf seiner Pritsche und dachte über sein Leben nach, das er nunmehr zu Ende bringen wollte. Woher dieser Wunsch rührte, vermochte er nicht zu erklären, wie er auch anderes sich nicht erklären konnte. Bath war allenfalls bauernschlau, nicht aber intelligent. Er konnte sich so wenig erklären, weshalb ihm das Heft des Handelns aus der Hand geglitten war, wie er auch die Wurzel nicht zu lokalisieren vermochte, woher sein persönliches Unglück rührte. Ihm war auch nicht bewusst, dass der von ihm geplante Abgang jene öffentliche Aufmerksamkeit verursachen würde, welche er zeitlebens gesucht hatte. Zumal er nichts davon bemerken würde. Nein, Dietmar Bath, der Ossi, war in seiner Eitelkeit irgendwie gekränkt, er wollte darum nicht mehr, Schluss und Aus, er sah für sich keine Perspektive mehr. Käme er raus, wäre er Mitte 60, Rentner, und ziemlich im Arsch. Wovon sollte er leben? Wie würde er leben? Wo könnte er leben? In Görlitz? Nie! Bei den Bayern? Niemals. Die hatten ihn schließlich in dieses erbärmliche Loch gesteckt. In Delitzsch in Sachsen, wo er im Januar 1944 das Licht der Welt erblickt hatte? Wohl kaum.

Seine freudlose Kindheit dort hatte im Prozess eine gewisse, aber keine zentrale Rolle gespielt. Der Vater Rudolf, ein erfolgreicher Konstrukteur von Industrieanlagen vor dem Kriege, hatte es vorgezogen, als Offizier der Luftwaffe Industrieanlagen in anderen Staaten zu zerstören. Als seine Frau Ilse niederkam, war er auf dem Bauernhof, in den er eingeheiratet hatte. Wohlgelitten war er in der Großfamilie nicht, er blieb ein Fremder, war eben kein Landwirt. Er stand lieber am Reißbrett als im Rinderstall, das sah ihm die bodenständige Verwandtschaft nicht nach. Rudolf Bath war auf Urlaub daheim, als sein Sohn kam. Er drückte diesen und dessen erschöpfte Mutter kurz, dann kehrte er nach Frankreich zurück, um seine vaterländische Pflicht zu erfüllen. Dreimal noch kam er zu Besuch, auch Weihnachten war er auf dem Bauernhof, es sollte das letzte Mal gewesen sein. Ende März '45 kam die Nachricht, dass Hauptmann Bath bei schweren Abwehrkämpfen am Rhein gefallen sei.

Drei Jahre später folgte die Mutter dem Vater nach. Im April 1948, keine 28 Jahre alt, starb sie an einem Tumor im Kopf. Die Großmutter trat an ihre Stelle, ein Onkel kümmerte sich um Dietmar und dessen zwei Schwestern. Die Großmutter ging dahin, von der Bürde der Verantwortung und den Kümmernissen der Zeit niedergestreckt, als der Enkel in die 3. Klasse der Grundschule kam. Der Onkel konnte den Hof nicht mehr halten und gab die Kinder in ein evangelisches Heim in der Nähe. Dort wuchs der Vollwaise zum vollen Mann heran, indem er lernte, wie man andere beherrschte und ihr Tun bestimmte. Er dominierte jede Runde und dirigierte nicht nur die Gleichaltrigen im Stift. Unter denen war er der »Bestimmer«, wie so einer genannt wurde, der in einer Gruppe das uneingeschränkte Sagen hatte. Seine Autorität war unbestritten. Bath war kräftig, durchsetzungsstark und umtriebig. Wegen seines Organisationstalents wurde er selbst von den frommen Schwestern bewundert.

Das Heim entließ ihn nach fünf Jahren in die Welt. Er begann eine Lehre als Betriebsschlosser in der Farbenfabrik Wolfen. Die absolvierte Bath mit Links. Mensch, sagte der Lehrmeister, du hast doch mehr drauf. Mach die 10. Klasse, und dann wird man schon sehn!

Die Botschaft erreichte den Richtigen. Bath hatte wenig Neigung, in dieser stinkenden Chemiebude sein ganzes Berufsleben zuzubringen und es auch dort zu beenden. In der Tiefe seines Herzens träumte er von einer Arbeit, wie sie sein Vater ausübte, bevor er in den Krieg zog. Die Großmutter hatte ihm gegenüber regelmäßig geschwärmt, wobei sie verschwieg, wie wenig sie seinen Vater, diesen Zugezogenen, mochte. Sie äußerte sich nach dem Grundsatz »de mortuis nil nisi bene«, über die Toten nur Gutes, und darum war Rudolf Bath ein erfolgreicher Architekt, der in einem großen, lichtdurchfluteten Büro mit weißem Kittel am Reißbrett stand, Respekt und ein hohes Gehalt verdiente und auch sonst kein Kind von Traurigkeit war. Danach strebte auch er, Dietmar Bath.

Der Weg dorthin schien jedoch weit und beschwerlich, zumindest in der DDR. So folgte er denn den plötzlichen Rufen von jenseits des Harzes. Die Verwandtschaft des Vaters lebte mehrheitlich in Hannover und hatte es dort zu etwas gebracht. Ein Onkel besaß sogar ein Kaufhaus. Nun lockte dieser den 17-jährigen: Junge, komm doch ’rüber!

Die Frage stellte der Richter in München nicht, weshalb dieser Onkel die sächsischen Vollwaisen nicht nach Niedersachsen geholt hatte, als diese ins Kinderheim mussten. Da hätte man doch Mitmenschlichkeit und Familiensinn beweisen können. Die Sirenenklänge wurden merkwürdigerweise erst angestimmt, als Baths Ausbildung in der DDR abgeschlossen und er eine vollwertige Arbeitskraft war, die er in den Dienst des Familienunternehmens stellen konnte.

So machte sich Dietmar Bath auf nach Berlin wie Tausende andere aus der Republik auch, um mit der S-Bahn für 20 Pfennig von Ost- nach Westberlin zu fahren. Von dort wollte der Betriebsschlosser Bath nach Hannover fliegen. Er hatte Urlaub genommen, damit es nicht auffiel. Es war die zweite Woche im August des Jahres 1961.

Am Sonntag, so hatte er beschlossen, würde er sich aus der DDR verdrücken. Doch als er am Morgen die Jugendherberge in Treptow verließ, um die Sektorengrenze nach Neukölln zu überschreiten – dahinter nämlich lag der Flughafen Tempelhof, von dem er in die Freiheit starten wollte –, stellte Bath überrascht fest, dass er nicht der Einzige war, der zu dieser frühen Stunde auf den Beinen war. Dort, wo die imaginäre Grenze verlief, standen sogar Leute in Uniform und mit einer MPi vor der Brust. Überall waren Polizisten aufmarschiert und blickten mit wilder Miene in Richtung Westen. Was war denn hier los?

Bath ließ sich jedoch nichts anmerken und lief auf die Mauer aus Menschen.

Als Bath über die Grenze wollte, standen dort welche

»Eh, junger Mann«, rief einer der Polizisten, »hier kannst du nicht durch.«

»Wieso nicht«, antwortete Bath reichlich trotzig und naiv und ließ sich nicht aufhalten. »Ich kann doch hier spazieren, es ist Sonntag!«

»Mit einem Rucksack?« Der Polizist langte nach ihm. Bath entging dem Zugriff und beschleunigte seinen Schritt. »Bleib stehen!« vernahm nicht nur er. Denn als er die Menschenkette erreichte und sich durch diese hindurchzwängen wollte, erwartete ihn bereits einer der Kampfgruppenleute mit gestrecktem Bein. Bath flog über den Stiefel und landete auf dem Pflaster. Er weiß nicht mehr, was ihn damals mehr schmerzte: der harte Sturz aufs Pflaster oder das Gelächter der Männer, die ihn fallen sahen.

Wenige Tage später landete er vor einem Richter, der ihn wegen versuchter Republikflucht für neun Monate in den Torgauer Jugendwerkhof steckte. Mit dem Personal in der Einrichtung kam der umgängliche junge Mann klar, sein Zeugnis, welches sie ihm nach dem Dreivierteljahr ausstellten war bestens, und er selbst verließ ohne Groll die Einrichtung, weshalb er in der Stadt an der Elbe blieb und sich eine Arbeit suchte. In einem der vielen Betriebe der Kreis- und Garnisonsstadt nahm man den Schlosser mit Kusshand.

Eine Tante von Bath betrieb in Binz auf Rügen eine kleine Pension. Im Sommer bot sie ihm, nicht ganz selbstlos, Quartier. Doch er wollte sich in der piefigen Pension auf Dauer nicht niederlassen, wie es ihm die herrschsüchtige Tante nahelegte. Ihn zog es in die Strandgaststätte, dort half er gelegentlich beim Kellnern aus, wenn er bei der Verwandten zu Besuch war.

Man bescheinigte ihm dort Talent und schlug ihm vor umzusatteln. Bath selbst hatte schon längst bemerkt, dass diese Tätigkeit nicht nur abwechslungsreicher, sondern auch lukrativer war als die Betriebsschlosserei. Die Urlauber gaben großzügig Trinkgeld.

Und dann gab es noch einen zweiten Grund, der ihn die Zelte in Torgau und Binz abbrechen ließ: Monika. Es war Liebe auf den ersten Blick. Die hübsche Blondine, zwei Jahre jünger als er, machte Urlaub auf Rügen. Sie kam aus Görlitz und arbeitete dort bei der Dewag als Werbegestalterin, wie er schon bald von ihr erfuhr. Am Ende der Ferien stand fest: Er würde ihr nicht nur ans Ende der Welt, sondern sogar bis in den letzten Zipfel der DDR folgen, dorthin, wo der 15. Breitengrad verläuft, jener Meridian, der alle Mitteleuropäer zwang, die gleiche Zeit auf ihren Uhren einzustellen, die MEZ. Monika war fortan der Mittelpunkt in Baths Leben.

Nachdem er auf Rügen seine Kellnerlehre erfolgreich abgeschlossen hatte, wurde aus ihrer Fernbeziehung eine feste. In Görlitz wurde geheiratet, im ersten Hause am Platze, dem Hotel »Stadt Dresden«, gab es eine Feier. Da wölbte sich der Leib der Braut bereits merklich. Schon bald kam René zur Welt, ein strammer Stammhalter.

Nicht unerwartet gestaltete sich die Wohnungssuche in Görlitz ein wenig schwierig. Doch auch hier setzte Bath seine Überzeugungs- und Überredungskunst keineswegs erfolglos ein.

Nur mit der Arbeit ging es nicht so recht voran. Zwar war Görlitz mit Restaurants und Kneipen reich gesegnet, doch bei den meisten handelte es sich um traditionelle Stampen, in denen nicht viel zu verdienen gab. Wer Bratkartoffel mit Spiegelei oder Bockwurst mit Salat zu sich nahm, ein Helles für 40 Pfennig trank oder auch zwei, der ließ kaum Trinkgeld springen, wie er es in Binz gewohnt war. Obgleich Bath bis zum Umfallen arbeitete, blieb der Ertrag mäßig. Was tun?

Die Idee, wie dem bescheidenen Dasein zu entrinnen war, bescherte ihn ein Besuch bei einem Onkel in Thüringen. Der Bauer hatte sein Land der ortsansässigen LPG übertragen und sich auf die Hühnermast verlegt. Dort läge die Zukunft der Ernährung, erklärte er seinem Neffen. Erstens wäre das Hühnerfleisch gesünder als Schweinefleisch, und zweitens würden die Hennen schneller wachsen als andere Nutztiere. In acht bis zehn Wochen kämen sie auf den Spieß.

Auf den Spieß?

Genau. Der Onkel berichtete von einer Schnellrestaurantkette, die im benachbarten Bayern rasend expandierte. »Heute bleibt die Küche kalt, wir gehen in den Wienerwald«, heiße es dort. Gesunde Ernährung und geringer Arbeits- und Materialeinsatz in der Küche wären eine profitable Verbindung eingegangen. Das Huhn werde gegrillt, dazu Pommes und drei Salatblätter als Deko: fertig ist die Laube.

Mensch, sagte Bath, das können wir doch auch. Aber Wienerwald konnte man das Ding nicht nennen, und Brathähnchen oder Brathuhn wäre auch nicht der Bringer. Nenn's doch Broiler, schlug der Onkel vor, die Bulgaren sagten zu ihren goldbraun gegrillten Brathähnchen »Broiler«.

Darauf Bath: Goldbroiler, das ist es!

Zurück in Görlitz steuerte er umgehend die Verwaltung der HO an. Die betrieb die meisten Geschäfte und Gaststätten in der Stadt. Doch dort hob man die Hände. Gab es nicht schon genügend Restaurants, und warum sollte ein Laden laufen, der ausschließlich Brathähnchen im Angebot hatte? Brat- oder Bockwurst kannten die Leute und würden davon nicht lassen. Nee, winkten sie ab, das sei nichts für sie, Bath solle besser bei seinem Leisten und weiter Kellner bleiben.

Also ging Dietmar Bath zur Konsumgenossenschaft, die ebenfalls in diesem Gewerbe aktiv war. Die Chefs dort zeigten sich aufgeschlossener und experimentierfreudiger als ihre Kollegen von der HO. Warum nicht, hieß es, probieren Sie es aus, junger Mann. Man wies ihm ein leer stehendes Ladenlokal in der Nähe des Theaters zu. Das lag an einem verkehrsreichen Platz, Kundschaft flanierte reichlich. Und er wäre der erste am Ort, der sich mit Hähnchen vom Grill auf den Markt wagte. Beste Voraussetzungen also, um groß rauszukommen oder eben grandios zu scheitern.

Nun, Bath kam an und groß raus. Das Haus war bald die erste Adresse am Platze, das Geschäft brummte und der Rubel rollte. Wenn Monika 11 Uhr die Pforte unter dem geschwungenen Leuchtröhren-Schriftzug »Zum Goldbroiler« öffnete, drehte sich bereits die erste Batterie goldbrauner Brathähnchen vor den Heizspiralen. Das wenige Fett tropfte zischend in die Bratpfanne, die Haut wurde dunkler und dunkler, kross und knusprig. Sie gingen im Viertel, als halbes oder ganzes Hähnchen über den Tisch, mit Fritten oder ohne, aber stets mit einer speziellen Note. Denn darin bestand die eigentliche Kunst: dem Broiler einen pikanten Geschmack zu verleihen. Das

Renovierung anno 2010. Hier befand sich in den 80er Jahren Baths Lokal »Zum Goldbroiler«

besorgte Monika mit einer Gewürzmischung, die sie mit Öl und Honig zu einer Masse verrührte, welche sie dann den Hähnchen in- und auswändig auftrug. Und wem dies nicht genügte, der konnte mit Knorrs Gewürzmischung Nr. 3 aus der Streudose nachlegen. Die stand auf jedem Tisch, denn die Verwandtschaft im Westen hatte sich nicht lumpen lassen und das Zeug in größeren Mengen nach Görlitz geschickt.

Bath wurde schon bald Vorzeigeunternehmer in der lokalen sozialistischen Planwirtschaft, ein löbliches Beispiel, wie man mit Fleiß und Engagement der Monotonie von Einheitssoße und fader Gastronomie entrinnen konnte. Es hagelte Urkunden und Orden, freundliche Berichte in der Presse und dergleichen Anerkennung mehr. Das Volk hatte demokratisch entschieden und mit Füßen und Gaumen abgestimmt, das Volk verkehrte mehrheitlich im »Goldbroiler«.

Der »Goldbroiler« erwies sich als Goldgrube

Nach zwei Jahren schon hatten die beiden Baths soviel verdient, dass sie es wagen konnten, sich ein Eigenheim zu errichten. Am Fuße der Landeskrone, des Hausbergs der Stadt, erwarben sie Bauland. Diese Gegend galt als die bessere von Görlitz. Dort waren die Anwesen, zumeist älteren Datums, größer und großzügiger und grüner. Sie wurden vorwiegend von Ärzten, Anwälten, den Nachfahren einstiger Fabrikbesitzer und anderer betuchter Leute bewohnt. Arbeiter waren dort so wenige zu finden wie etwa Angestellte des Konsums, wie Bath einer war. Entsprechend naserümpfend quittierte man den proletarischen Einbruch in die bürgerliche Idylle.

Die Abneigung war wechselseitig. Das Bauland befand sich neben einem Grundstück, das zur gleichen Zeit an einen Süßwarenfabrikanten gegangen war. Seit Jahrzehnten produzierte die Familie Hoinkis winzige farbige Dragees aus Zucker. Rudolf H. hatte sie 1908 erfunden und zu seiner Frau gesagt, er liebe sie wie diese Perlen, worauf sie dem Zuckerzeug den Namen gab, unter dem es bis heute, inzwischen in dritter Generation, weltweit in Babyfläschchen vertrieben wird: »Liebesperlen«.

Der Süßwarenfabrikant war vermutlich als Komplementär ausbezahlt worden, als der Staat als Mitunternehmer in die Firma einstieg, weshalb Hoinkis sehr liquide war und sich auf seinem Anwesen ein ordentliches Haus errichten konnte.

Das nahm Bath als Herausforderung. Er ließ sich einen formidablen Flachbau mit Swimmingpool im Untergeschoss errichten. Die Nase trug er höher als das Dach, der Neureiche unter den Anrainern galt als kulturloser Emporkömmling, zumal er sich auch abfällig über die Nachbarschaft äußerte. Hoinkis sei ein Mann von gestern, seine Zeit abgelaufen, höhnte er öffentlich. Die Zukunft gehöre den Goldbroilern, nicht den Liebesperlen.

Jedoch, auch diesmal bewies sich die alte Regel, das Hochmut vor dem Fall käme. Als sich die 80er Jahre ihrem Ende näherten, waren auch Baths fette Jahre vorüber. Das Finanzamt kam ihm auf die Schliche. Eine Kontrolle ergab »Unregelmäßigkeiten«. Von Mai 1988 bis April 1989 hatte er als Gaststättenleiter wiederholt Mitarbeiter pauschal entlohnt, ohne dass Leistungen erbracht worden waren, wie es hieß, und deren Unterschriften gefälscht. Mit anderen Worten: Er hatte sich kapitalistisch und kriminell bereichert. Bath wurde zu einer Geldstrafe von 7.000 Mark verdonnert, die er ohne Mühe bezahlte. Ob der Konsum seinem Pächter nahe legte zu gehen oder ob Bath aus freien Stücken den Bettel hinwarf, steht in den Sternen, jedoch nicht in den Akten. Tatsache bleibt: Bath kündigte im August 1989.

Der Neuanfang fiel in die Wendewirren. Mit seinem Sohn baute er einen heruntergekommenen Imbisswagen auf. Doch auf diese Idee waren längst auch andere gekommen. Die Straßen landauf, landab wurden gesäumt von Buden aller Art, es gab mehr Schnellimbisse in der siechen Republik als schnelle Esser. Nicht nur der wirtschaftliche Neubeginn erwies sich für Bath als Flop, Ärger löst auch sein Nachbar aus. Hoinkis übernahm wieder seinen Familienbetrieb und stieg wie Phoenix aus der DDR-Asche. Der Mann von Gestern machte heute glänzende Geschäfte, und der vermeintliche Mann der Zukunft flog auf die Nase.

Also suchte sich Bath ein neues Geschäftsfeld. Mit der D-Mark kam auch die »freie Marktwirtschaft«. Und auf dem Markt wurde mit allem gehandelt. Auch mit Liebe. Selbst diese war nun käuflich. Also beschloss Bath, in seinem Haus ein Bordell zu eröffnet. Er ließ den Pool trockenlegen, spannte darin weinroten Samt und besorgte sich Mädchen aus Polen. Baths beide Kinder waren bereits aus dem Haus, ihre Zimmer standen leer und wurden nun zu »Liebesgrotten«.

Baths ehemaliges Haus (links) im Jahre 2010

Die Stadtverwaltung genehmigte ihm das Betreiben einer Partnerschaftsvermittlung, wie der Puff in Beamtendeutsch hieß, man kannte den erfolgreichen Ex-»Broilerfritzen« und hatte nichts dawider. Erst als sich die Nachbarn beschwerten, wurde die Sache auch im Rathaus anrüchig. Der Auto- und anderer Verkehr nahm in der sonst ruhigen, bürgerlichen Gegend auffällig zu, was den Anrainern merklich in die Nase stach. Und angeblich würden »die Damen« auch auf der Straße anschaffen, meldeten sie, was nachweisbar üble Nachrede war. Die jungen Frauen aus Polen und bald auch aus Tschechien trauten sich nicht auf die Straße und wurden, wenngleich nicht in sklavischer Abhängigkeit, wohl aber in einem Angestelltenverhältnis gehalten, was gemeinhin als menschenunwürdig gilt.

Als sich die Gerüchte verdichteten und erste Anzeigen eingingen, schwärmten die Görlitzer Kriminalpolizei und der Staatsanwalt aus. An einem Morgen in früher Stunde erfolgte der kollektive Besuch in der obskuren Partnervermittlung. Die Razzia war ein Schlag ins Wasser, obgleich dieses doch aus dem Pool abgelassen war, und offenbarte die Unerfahrenheit der Polizei auf diesem Felde. Das war zu großen Teilen auch dem Umstand geschuldet, dass die Umformierung, wie man den Rauswurf alter und angeblich belasteter Kader aus dem einstigen VPKA nannte, etliche neue und wohl auch inkompetente Kader nach oben gespült hatte. Die weiße Weste galt als hinlängliche Qualifikation. Politisch mochte dies vielleicht noch angehen, fachlich in den wenigsten Fällen.

Gegen 3 Uhr also trampelten die Ex-Genossen durch das Haus von Bath, doch bis auf zwei 18-jährige verängstigte Mädchen, das eine aus Polen, das andere aus Tschechien, und das Hauseigentümer-Ehepaar fanden sie keine Kunden und Freier vor. Die Papiere der Überprüften waren in Ordnung, und außer unzweifelhaft pornografischen Bildern und Utensilien, deren Verwendungszweck selbst dem dämlichsten Dorfpolizisten klar war, gab es nichts, was justitiabel war. Der mit Recht erboste Bath hielt dem Staatsanwalt Gewerbeschein und andere Papiere vor, die seinem Unternehmen Legalität bescheinigten, doch dieser zeigte sich unbeeindruckt und beharrte, Bath führe ein »bordellartiges Geschäft mit ausländischen Prostituierten«, was verboten sei. Er schließe hiermit die Agentur und werde ein Strafverfahren gegen Bath als Betreiber einleiten.

Gesagt, getan. Zum zweiten Mal war somit der Geschäftsmann Dietmar Bath in Görlitz auf die Nase geflogen. Und es sollte zwei Monate später, da aller schlechten Dinge bekanntlich drei sind, wie es heißt, eine weitere persönliche Niederlage folgen. Seine Frau Monika, die ohnehin nur widerwillig dem Puff-Projekt zugestimmt hatte, trennte sich von ihm. Die Scheidung wurde ohne viel Federlesens vollzogen. Es war wohl nicht allein die Geschäftsidee als solche, die zum Bruch dieser Beziehung führte. Die Frau konnte sich des Verdachts nicht erwehren, dass ihr Mann die jungen Dinger nicht nur für die Kunden, sondern auch zur eigenen Erbauung über die Grenze holte. Gewiss, sie hatte ihn nie erwischt, er fühlte sich auch nicht in der Rolle des Zuhälters, der seine Stuten zuritt, ehe er sie auf die Koppel ließ. Aber dass ihr Mann kein Kind von Traurigkeit war, hatte sie in den vielen Ehejahren durchaus bemerkt. Er gab den Charmeur und sich unverklemmt locker, und sobald sich ihm eine Gelegenheit zum Seitensprung bot, ließ er diese selten ungenutzt verstreichen. Darüber schaute sie eine zeitlang großzügig hinweg.

Ihr gegenüber hatte er sich stets normal verhalten, er liebte nicht die Extreme, seine Experimentierlust hielt sich in erträglichen Grenzen. Als der ganze Beate-Dingsbums-Scheiß über die Grenze bis nach Görlitz flutete, hatte er sich zunächst auch einigen Trödel schicken lassen, der angeblich die Sinne stimulierte und das Glücksgefühl steigerte. Bald schon hatten sie beide festgestellt, dass sie eigentlich schon erheblich zu alt und in Liebesdingen auch zu erfahren waren, um an Dildos und Liebeskugeln, Latex-Wäsche und Handschellen, Liebesschaukeln und Peitschen wirklich Vergnügen zu finden. Es war alles abartig und albern. Nur weil die Werbung versprach, damit in eine »neue Dimension der Liebe« vorzustoßen, tat es diese noch lange nicht. Die einzigen, die mit dem Spielzeug gewannen, waren die Produzenten und Händler.

Das aber war nun alles Geschichte. 1993 trennten sich die Wege von Monika und Dietmar Bath für immer.

Bath hatte jedoch schon längst die Schuldigen für seinen tiefen Sturz ausgemacht: die missgünstigen, kleinkarierten Nachbarn, jene verklemmten Geldsäcke, die sich nun dafür rächten, dass er in ihr grünes Refugium eingebrochen war. Neid und Missgunst hatten sie veranlasst, ihn bei der Obrigkeit anzuschwärzen. Sie hatten ihm die Kriminalpolizei und den Staatsanwalt auf den Hals gehetzt. Die Haftstrafe, zu der man ihn verurteilte, wurde zur Bewährung ausgesetzt, doch ihm schien nicht bewusst, dass er sich damit auf ziemlich dünnem Eis bewegte.

Statt sich ruhig und angepasst zu verhalten, schlug er fortgesetzt Krawall. Die Nachbarschaft überzog er systematisch mit Schmähschriften. Die Beleidigungen jagte er durchs Telefon oder über den Gartenzaun, die Wellen seines Psychoterrors erreichte in Gestalt diverser Anzeigen auch die Görlitzer Polizei. Noch überschritt er die Grenze nicht, um die Bewährung aufzuheben, doch er war dicht dran.

Ehe das Maß aber voll war und die Polizei zugreifen musste, hatte sich Bath nach Spanien abgesetzt. Das Haus hatte er verkaufen müssen, denn so flüssig war er nicht, um den Anteil der Frau in bar auszahlen zu können. Seinen Teil aus dem Erlös hatte er auf verschiedenen Konten eingezahlt, etliche befanden sich im Ausland, darunter auch eines in Luxemburg. Damit suggerierte er sich Weltläufigkeit.

Zunächst ließ er sich in Altea an der Costa Brava nieder, später wechselte er auf die Kanaren. Teneriffa: Das klang nach Ferne und Luxus. Viele Rentner aus Deutschland verbrachten dort die Wintermonate in der Sonne. Und Bath, jenseits der 50 bereits, heuerte bei einem Reiseunternehmen an und kümmerte sich um die Alten, die jetzt Senioren hießen. Vor allem die Damen waren ihm zugetan, und er diesen, wobei er mehr auf ihre Börsen als auf ihre Busen schaut. Sein Gehalt war nicht eben üppig, doch mit dem Zubrot als Gigolo kam er gut über die Runden. Die Unternehmensleitung war ebenfalls zufrieden mit ihm und schob dem umtriebigen Ossi mehr und mehr Aufgaben und Verantwortung zu. Schließlich schickte man ihn gar als Repräsentant in seine alte Heimat.

In Sachsen mietete er sich eine kleine Einraumwohnung gleichsam als Dienstsitz. Er akquirierte Mitarbeiter für Ferienanlagen in Spanien und Anleger. Als erfolgreicher Touristikmanager schrieb er sich in die Herzen der westdeutschen Unternehmensleitung wie auch in die zufriedener Urlauber. Doch er selbst war unglücklich. Hinter der Fassade des zufriedenen Biedermannes brodelte der Unmut, der sich zu Hass verdichtete. Seinen Privatkrieg mit den Görlitzer Nachbarn setzte er unverändert fort. Dieser eskalierte und bekam zunehmend pathologische Züge. Bath terrorisierte inzwischen nicht nur die vermeintlichen Görlitzer Geldsäcke, die ihm seine Existenz zerstört hatten, sondern auch andere, die angeblich »auf der Sahne« schwammen. Gewiss hatte er nicht Unrecht, dass in Deutschland große Ungerechtigkeit herrschte. Es gab tausende und noch mehr Gründe, sich dagegen zur Wehr zu setzen, wie es auch tausende legale Möglichkeiten gab, dieses zu tun, ohne mit dem Gesetz in Konflikt zu geraten. Doch Bath, blind vor ungestümer Wut und ohne Freunde, die ihm ins Gewissen hätten reden können, focht weiter mit unlauteren Mitteln.

So meldete er sich beispielsweise in Hamburg in der Zentrale von Edeka. Er sei vom Lebensmittelamt Berlin, erklärte der selbsternannte Doktor, man habe bei Stichproben der Liebesperlen der Firma Hoinkis aus Görlitz extreme Belastungen mit krebserregenden Substanzen festgestellt. Man wisse ja, die ostdeutschen Produzenten hätten noch Probleme mit den deutschen Gesetzen, nicht wahr, die haben noch viel zu lernen, erklärte er vertraulich-augenzwinkernd am Telefon. »Nehmen Sie sofort alle Produkte der Firma Hoinkis aus den Regalen und stellen Sie diese sicher.

Wir müssen sie untersuchen.« Der Anrufer wirkte sehr überzeugend, der Angerufene ließ sofort die Liebesperlen aus Ostdeutschland indizieren. Bitte sehr, bitte gleich, natürlich, selbstverständlich.

In einem großen Unternehmen hat der Wasserkopf jedoch viele Etagen, so auch der von Edeka. Der Chef des Chefs, mit dem Bath telefoniert hatte, erwies sich als standhafter und abwägender. Nichts da, solange uns nichts Schriftliches vorliegt, räumen wir nichts aus den Regalen, erklärte er und revidierte die erste Entscheidung.

Das aber war zugleich ein verhängnisvoller Hinweis: Schriftliches müsse vorliegen! Bath kopierte den Kopfbogen des Amtsgerichts Dresden und Dienstsiegel des Freistaates. Darauf platzierte er die Meldung, dass die Erzeugnisse des Süßwarenherstellers Hoinkis hohe Dioxin-Werte enthielten (Dioxin war damals ein Reizwort), vor dem Verzehr müsse abgeraten werden. Diese fürsorgliche Warnung (»Gefahr für die Gesundheit«) schickte er an Nachrichtenagenturen und Zeitungsredaktionen. Er öffnete sogar einige Tütchen mit »Power Pearls« aus dem Hause Hoinkis und gab ein wenig Rattengift hinein. Die Tütchen sandte er mit der Warnung an *dpa*, *Bild* und den Kinderkanal der *ARD*, schließlich war das die Zielgruppe.

Doch dort fiel man auf den Blödsinn nicht herein, woran auch die Görlitzer Kriminalisten nicht ganz unbeteiligt waren. Sie hatten Bath bereits im Visier und warnten wiederum die Journalisten, die bekanntlich dazu neigen, Mücken zu Elefanten aufzupusten und vermeintliche Lebensmittelprobleme gern zu skandalisieren. In diesem Falle behielt die Vernunft die

Oberhand, kein Krawallblatt machte Krawall und schlug Alarm.

Dass ärgerte Bath maßlos, der nun jedes Maß verlor. An einem Silvesternachmittag rief er im größten Bestattungshaus in Görlitz an und teilte das Hinscheiden von Frau Hoinkis mit, die nunmehr zur Beisetzung vorbereitet werden müsse. Schon bald fuhr der schwarze Kombi bei Hoinkis vor, was dort eine gewisse Verwunderung auslöste. »Hat der sich verfahren?«

Als es klingelte, öffnete man die Tür. Die Sargträger legten das Gesicht in vorgeschriebene Falten und murmelten etwas, das wie »Herzliches Beileid« klang, und erkundigten sich nach der selig Dahingegangenen, die sie abholen sollten.

Zur gleichen Stunde bestieg Bath das Flugzeug, das ihn zurück nach Teneriffa brachte. Er malte sich die entsetzten Blicke der Hoinkis aus und kriegte sich kaum ein vor Begeisterung für seine tolle Idee.

Jetzt reichte es Polizei und Staatsanwaltschaft. Inzwischen hatte man 51 »rechtlich selbständige Handlungen« registriert, will heißen: so oft hatte Bath geltendes Recht verletzt. Der Görlitzer wurde international zur Fahndung ausgeschrieben. Er habe, so hieß es in der Suchmeldung, ein »gemeingefährliches Verbrechen« angedroht und den öffentlichen Frieden durch Verleumdungen und Drohungen gestört.

Die Kollegen auf den Kanaren machten in Santa Cruz auf Teneriffa den Gesuchten in einer Bar dingfest. Nach zweimonatiger Auslieferungshaft wurde Bath nach Deutschland abgeschoben. Die Urkunde hatte König Carlos unterzeichnet, was wohl weniger der Bedeutung des Ganoven geschuldet war, sondern den spanischen Regeln bei internationalen Rechtshilfeersuchen entsprach. Nach einem Zwischenstopp in München, wo ihn Beamte des sächsischen Landeskriminalamts in Empfang nahmen, ging es gleich weiter nach Dresden-Klotzsche. Baths Reise endete schließlich in der JVA Görlitz.

Bevor die Große Strafkammer des Landgerichts in Dresden im Dezember 2000 verhandelte, ordnete sie ein psychisches Gutachten an. Denn diese Frage stellte sich: Tickte der Mann richtig? So blöd könne doch einer allein gar nicht sein?

Doch die Fachleute der Forensischen Psychiatrie in Arnsdorf hoben die Schulter. Ergebnislos brachen sie die Untersuchung vor der Zeit ab.

Am Ende des Verfahrens verkündeten die Richter im Namen des Volkes, dass Dietmar Bath wegen Verleumdung für vier Jahre hinter Gitter müsse. »Er hatte einen Görlitzer Geschäftsmann bezichtigt«, zitierte die *Bild* Staatsanwalt Till Neumann, »2000 auf der Autobahn einen Polizisten erschossen zu haben«.

Auch wenn die vier Jahre nicht in Gänze abgesessen wurden – nach zwei Dritteln kam Bath wegen guter Führung wieder frei –, stellte sich die Frage nach der Verhältnismäßigkeit durchaus. Andere Delinquenten bekamen für weitaus schwerere Straftaten weniger aufgebrummt.

Wie auch immer: Dietmar Bath ließ Görlitz und Sachsen hinter sich und zog nach Bayern. In Bad Wiessee am Tegernsee mietete er eine kleine Wohnung, später nahm er auch eine in Wörgl, einer Kleinstadt jenseits der österreichischen Grenze und keine hundert Kilometer von München entfernt. Nirgendwo meldete er sich jedoch polizeilich an, mit der Obrigkeit wollte er nichts mehr zu tun haben. Er lebte von dem Geld, das er auf diversen Konten hatte, legte sich ein Wohnmobil zu und ging als Arbeitgeber und Hochstapler auf Reisen. Er beschäftigt zeitweise eine illegal eingereiste Russin als Putze, die er im Rausch vergewaltigte, danach suchte er mal wieder das Weite. Dann verlegte sich schließlich auf ein neues Geschäftsfeld: Heiratsschwindel. Natürlich nannte er das nicht so, er schaltete lediglich Kontaktanzeigen in diversen Blättern. Im Unterschied zu den meisten anderen Hochstaplern, die an ihren Geburtsdaten frisierten, machte er sich älter. Denn das hatte er bald bemerkt: Die vermögenden Damen, deren Nähe er suchte, waren stets angenehm überrascht, wenn statt des erwarteten alten Zausels ein relativ junger Witwer zum Rendezvous erschien. Natürlich, ganz taufrisch war Bath auch nicht mehr, dessen war er sich bewusst. Doch der Mittfünfziger vermochte mit Garderobe, Frisur und anderen Kniffen sich erheblich jünger zu präsentieren. Allein das machte Eindruck.

Unter jenen, die auf seine Kontaktanzeigen reagierten, war eine Hallenserin namens Hanna, Anfang 50, geschieden. Nach Geld sah sie nicht aus, zumal sie in einem der als »Arbeiterschließregale« bezeichneten Neubaublöcke wohnte. Doch der Ossi Bath, nunmehr diesseits der Weißwurstlinie lebend, schlüpfte plötzlich in eine andere Rolle: in die des großzügigen, gönnerhaften Wessis. Damit entfernte er sich zwar von seiner ursprünglichen Absicht, sich von reichen Witwen aushalten zu lassen, aber von einer Ostdeutschen als eloquenter, großzügiger Westdeutscher angehimmelt zu werden, trug zur Stärkung des angeschlagenen Selbstbewusstseins bei. Und das war mehr als Nichts!

Hanna, so erfuhr er schon bald, hatte noch nie Ostdeutschland verlassen. Sie träumte seit Jahren von einer Italienreise. Bitte sehr, bitte gleich: Wann soll es losgehen? Er habe ein Wohnmobil und keine Verpflichtungen, man könne jederzeit über die Alpen und in den Süden reisen. »Wir treffen uns in Garmisch.«

Dort, in einem noblen Restaurant, ließ Bath es bei ihrer ersten Begegnung richtig krachen. Er gab den weltläufigen Lebemann und quittierte dankbar die bewundernden Blicke der Ostbraut. Die Sause setzte sich im Wohnmobil fort.

Anderentags ging es über die Alpen ins Land, wo die Zitronen blühen, Richtung Genua. Dort, an der Ligurischen Küste im Norden Italiens, wollte Bath seiner Braut zeigen, wie schön die Welt und was für ein toller Hirsch er war. Die Hallenserin schien überwältigt von Landschaft, Architektur und Menschen. Der Himmel war weit und blau, das Mittelmeer salziger als die Ostsee und das Essen von anderer Beschaffenheit als am Dönerstand in Haneu, wie die Einheimischen gleichermaßen liebevoll wie distanziert ihren Stadtteil Halle-Neustadt wortspielerisch nannten. Hanoi sah anders aus und war auch weiter weg.

Der Reiz des Entdeckens vermochte jedoch auf Dauer nicht jedes Bedürfnis zu befriedigen. Hanna war, wenngleich nicht mehr taufrisch, keineswegs so altbacken, wie ihr Geburtsjahr hätte vermuten lassen. Zunächst fand sie es ein wenig merkwürdig, dass ihr Galan nicht Hand an sie, sondern an sich legte, um seinen Hormonspiegel zu senken. Sie hatte, das gestand sie sich ein, mit dieser Reise auch andere

Im Wohnmobil der ligurischen Küste entlang

Erwartungen verbunden. Die geschiedene Chemielaborantin, Mutter zweier erwachsener Kinder, war keineswegs frei von sexuellem Verlangen und nicht die vertrocknete Jungfer, für die Bath sie offenkundig hielt. Sie stellte ihn freundlich-wohlmeinend zur Rede, weshalb er es sich immer selbst besorge und nicht ihr. Nicht fordernd, aber durchaus verständlich. Das, so schien ihr, traf ihn sichtlich. Er stotterte, sein Gesicht färbte sich rot. Mit soviel Selbstbewusstsein kam er nicht klar. So tief also war Deutschland bereits gesunken, dass Frauen Bedürfnisse anmeldeten, die nicht im Grundgesetz fixiert waren. Noch diktierte der Mann, wann und auf welche Weise er seine Partnerin beglückte, nicht umgekehrt.

Seine Antwort befriedigte weder ihn noch sie. Doch anders als Bath, der sich selbst nicht im Klaren war, was ihm geschah und was mit ihm war, reflektierte die Hallenserin die Sache kritisch. Und ruderte zurück. Kann ja noch werden, beruhigte sie sich, vielleicht war der Witwer nur ein wenig gehemmt und den Frauen entwöhnt, zudem auch nicht mehr der Jüngste. Bei Männern sollte es dem Vernehmen nach mit der Libido abwärts gehen, wenn sie denn die Mitte des Lebens überschritten hatten. Vielleicht glaubte er, dass ihn nur noch die eigene Hand liebte und keine fremde Frau? Aber war sie ihm denn noch immer fremd, nachdem man schon eine ganze Woche im Wohnmobil aufeinander hockte? Vielleicht war es gerade das? Sie beide hatten sich in den letzten Jahren ans Alleinsein gewöhnt. Jeder war sein eigener Kosmos. Und nun drängte sich ein zweiter Fixstern hinein. Da musste es Probleme geben. Ließen sie sich noch regeln?

Die Spannungen nahmen von Tag zu Tag zu und nicht ab. Morgens, wenn sich beide wie gerädert von der Matratze erhoben und sich in die winzige Toilette zwängten, dachten sie wehmütig an ihr Badezimmer daheim. Danach saßen sie mürrisch und schweigsam beim Frühstück. Über ihren Köpfen spannte sich der ewig blaue Himmel und die Sonne hing dort wie ein Spiegelei, es war wie an jedem Tag und stinklangweilig. Genua, San Remo, Alassio, Savona … Im Grunde sahen die mittelalterlichen Gassen und Plätze überall gleich aus. Renaissance, schön und gut, nur abends und des Nachts fand keine Wiedergeburt statt. Wenn sie wach lag, hörte sie ihn in seiner Koje japsen bis zu jenem unterdrückten Schrei, der ihr verriet, dass er seinen Spaß gehabt hatte. In diesen Momenten fühlte sie sich missachtet und beleidigt.

Irgendwann reichte es ihr.

»Ich will nach Hause«, sagte sie beim Frühstück. »Ich habe am 30. September einen Arzttermin.«

»Das ist in fünf Tagen«, quittierte er dankbar diesen Vorschlag. »Das werden wir schaffen.« Bath war froh, dass sie ihm die Entscheidung abgenommen hatte, denn auch ihm war sie inzwischen lästig geworden. Das welke Fleisch ekelte ihn an, die weiße, weiche Haut mit den aufbrechenden Mauerblümchen, jene hässlichen Pigmentflecken, die den Körper zu überziehen begannen, wenn man dem Tag des Todes näher war als dem der Geburt. Diese bis zum Nabel hängenden Schläuche, deren Spitzen sich einst straff und keck nach vorn reckten: alles unappetitlich und wenig dazu angetan, mit den Händen danach zu langen. Es war, als griffe man in Teig. Fehlte nur noch, dass es staubte. Die Vorstellung machte ihn grausen. Bath steckte die Nase in die Kaffeetasse und nahm einen Schluck. Er muss damals bescheuert gewesen sein, dieser Zicke eine Reise nach Italien vorzuschlagen.

In seinem tiefsten Innern verfluchte er jenen Tag, als er Kontakt zu dieser Chemietussie aufgenommen hatte. So etwas würde ihm nicht noch einmal widerfahren, da war er sich ziemlich sicher. Nein, nie wieder würde er sich so etwas antun. Er wollte auf Kosten reicher Witwen leben. Dass sie ihn aushielten, würde ihn verschmerzen lassen, dass er sich das Bett mit einem formlosen Fleischberg teilen müsste. Aber mit der hier doch nicht: Die hatte nichts und bereitete ihm zudem Ärger. Er konnte nicht sagen, was ihn besonders abstieß. Vielleicht lag es auch nur an der Chemie, die zwischen ihnen nicht stimmte. Wieso aber hatte er das nicht gleich gemerkt? Warum musste er mit dieser Träne auf Reisen gehen?

Stumm und mit verkniffenem Gesicht hockte er hinterm Lenkrad. In Mailand wollten sie noch einmal stoppen und sich die Stadt ansehen. So lange musste er noch durchhalten.

Hanna saß auf dem Beifahrersitz und plapperte. Jedes Wort tropfte wie Salzsäure auf sein Trommelfell. Konnte die Alte nicht ihre Klappe halten, musste sie unentwegt auf diese Aussicht und jenen Pferdewagen hinweisen, den sie gerade überholten? Bath kochte. Wie ließ sich dieser Redefluss stoppen, wie bekam er diesen Mund zum Schweigen?

Irgendwann fiel ihm ein, dass er in seiner Bordapotheke ein Fläschchen Belladonnysat zu stehen hatte. Das Zeug half gegen Magen-Darm-Krämpfe und Gallenkoliken, es war ein probates Mittel gegen klassische Reisekrankheiten wie Übelkeit und Stress. Er hatte es wiederholt schon benutzt und dabei bemerkt, dass er schläfrig wurde, wenn er mehr Tropfen ins Wasser hatte fallen lassen als vorgeschrieben. Das lag wohl an dem Wirkstoff. Belladonna, wie die giftige Tollkirsche in Italien hieß, es war ein Narkotikum, das man nur in homöopathischen Dosen vertrug. Wie Wein eben: in kleinen Mengen Medizin, in größeren Mengen Gift.

Der Gedanke nahm Gestalt an, je länger er in Baths Kopf kreiste. Als sie die Stadtgrenze von Milano passierten, wusste er genau, was er tun würde. Sein Entschluss stand fest.

Bevor sie sich ins Großstadtgetümmel stürzten, rasteten sie auf einem Parkplatz. Ungeachtet des Verkehrs und der vielen anderen Fahrzeuge holte er die

Campingstühle und den Tisch aus dem Fahrzeug. Sie sollten sich erst einmal stärken, sagte er zur Verwunderung von Hanna. Denn solche Art Fürsorge hatte sie in den Tagen ihres Zusammenseins nie erlebt. Es ging immer nur stur nach seinem Kopf. Sie durfte nur zustimmen und ihm folgen.

Warum also nicht: Picknick in Mailand.

Während er den Tee einfüllte, forderte er sie auf, die Marmelade aus dem Kühlschrank zu holen, er habe sie vergessen. Sie erklomm die drei Stufen, und als sie im Wageninneren verschwunden war, holte Bath das Fläschchen aus der Hosentasche.

Es dauerte nicht lange, ehe der Redefluss versiegte. Hanna wurde zunehmend stiller und schläfriger, dann sackte sie auf dem Klappstühlchen weg. Bath quittierte dankbar den Abgang und trug sie ins Wohnmobil. Dort legte er sie sanft auf die Koje, derart rücksichtsvoll hatte er sie noch nie behandelt. Er zog sie aus, bedeckte sie mit der Schlafdecke und hoffte auf sechs bis acht Stunden Ruhe. Dann wären sie in Garmisch, er setzte sie in den Zug und wäre frei. Frei von diesem rauschenden Wasserfall und den Wortkaskaden.

Der Motor summte durch die norditalienische Tiefebene, bald schon würde Bath in Bozen sein, dann über den Brenner und kurz durch die Alpen. Er kannte die Route bestens, schon oft war er sie gefahren. Doch noch nie mit solcher Erleichterung und Hoffnung. Die Aussicht auf ein eigenes Leben ließ sein Herz beben, er freute sich auf die Dolomiten wie ein kleiner Junge auf Weihnachten.

Doch noch ehe er Südtirol erreichte, hörte er Geräusche aus dem Innern des Fahrzeugs. Verärgert blickt er nach hinten, seine Vermutung bestätigte sich.

Die Kuh, er nannte Hanna inzwischen nur noch so, saß tatsächlich in der Koje, sie wirkte benommen und war offenkundig nicht ganz bei Sinnen. Bath lenkte das Fahrzeug an den Straßenrand, stoppte und kletterte nach hinten, nachdem er die Handbremse angezogen und die Warnblinklichter angeschaltet hatte.

»Wo bin ich, was ist los?«, brabbelte Hanna und versuchte auf die Beine zu kommen, doch sie sackte immer wieder zurück. »Was hast du mit mir gemacht?«

»Nichts«, sagte Bath und holte aus dem Küchenschubfach eine Rolle breiten Tesafilm. Er hatte das Kreppband einmal gekauft, als er außen den Lack ausbesserte und den Chrom abdecken musste. »Nichts habe ich gemacht. Du bist müde geworden, und ich habe dich schlafen gelegt. Nun aber bist du wieder wach und gehst mir tierisch auf den Kranz.«

Er griff nach ihren nackten Beinen und schlang das Band um ihre Fesseln, ehe sie dessen gewahr wurde. Erst als sie die Beine nicht mehr bewegen konnte, wehrte sie sich. Da aber war es bereits zu spät. Und als er ihr die Hände auf dem Rücken zusammenband, kehrten ihre Sinne vollends zurück.

»Bist du völlig bescheuert? Binde mich sofort los!«, herrschte sie ihn an und schüttelte Beine und Knie, soweit sie dazu fähig war. Offenkundig hielt sie alles für einen Scherz, denn der Widerstand war zwar auffällig, doch ihr Schreien nicht unbedingt angstvoll. Erst als sie in das verkniffene Gesicht von Bath blickte, schwante ihr, dass der keinen Spaß machte. Ihr Rufe wurden spitzer und lauter. »Du hast wohl ein Rad ab! Ich zeig dich an, wenn du nicht sofort aufhörst. Hilfe! Hilfe!« Nun begann sie panisch zu reagieren.

»Halt die Schnauze«, brüllte jetzt Bath und schlug ihr ins Gesicht. »Wenn du still bist, schmeiße ich dich in Garmisch am Bahnhof aus dem Auto, dann kannst du dich nach Halle verpissen. Ich will meine Ruhe haben, verstehst du! Dein Gekreische geht mir auf die Nerven.«

»Hilfe, Hilfe!« schrie Hanna trotzig weiter. Draußen rauschte der Verkehr vorüber, wer sollte sie überhaupt hören? Doch Logik und Angst schlossen einander aus. Wenn es ans Leben geht, stirbt als erstes der Verstand. Ging es ihr ans Leben? Es sah nicht unbedingt so aus. Er fesselte und er schlug sie, mehr nicht. Das war schlimm genug, doch Bath wollte vielleicht wirklich nicht mehr als seine Ruhe.

Ehe sich der Gedanke in ihrem Kopf festsetzte, begann Bath bereits, ihr den Mund zu verkleben. Mit wilder Entschlossenheit umwickelte er den Kopf, nur die Nase ließ er frei, damit sie atmen konnte. Geräuschvoll zog sie die Luft ein, der Kreppstreifen vorm Mund vibrierte. Bath legte noch eine Lage darüber und riss das Band erst nach der fünften oder sechsten Schleife durch. Die Frau strampelte und streckte sich weiter, so dass er sich entschloss, mit einer Paketschnur auch noch die Arme an den Oberkörper zu fesseln.

Bath sprach unterdessen kein Wort. In ihm breitete sich mit jedem Knoten Ruhe und Zufriedenheit aus, keine Befriedigung, bewahre, denn die Fesselung diente keinem sexuellen Zweck, sondern einzig der Liquidierung eines Problems: der Ruhigstellung einer Nervensäge.

Nachdem ihm das gelungen war, ließ er die Gefesselte zurück und würdigte sie keines weiteren Blickes. Er zwängte sich auf den Fahrersitz, schaltete die Warnblinkleuchte aus, startete den Motor und schaute in den Rückspiegel. Dann gab er Gas und klinkte sich in den Fahrzeugstrom ein, der Richtung Grenze floss.

Unweit des Brenners trieb ihn ein menschliches Rühren auf einen Parkplatz. Außerdem hatte er Durst und Hunger. Vielleicht wollte auch die Zimtzicke etwas trinken und essen, dachte er, wobei ihm in diesem Moment erstmals bewusst wurde, dass es im Wageninneren auffallend still geworden war. Er meinte, dass Hanna eingeschlafen sei und wollte sie darum wecken. Sollte sie wieder zu zetern beginnen, so nahm er sich vor, würde er sie gleich hier raussetzen, nicht erst in Garmisch. Soll sie doch zusehen, wie sie durch Tirol käme, dachte er trotzig.

Bath kletterte nach hinten. Die Frau lag bewegungslos in der Koje, das Klebeband war zur Hälfte in den aufgerissenen Mund gerutscht und bedeckte die untere Zahnreihe, dadurch drückte es die Zunge von unten an den Gaumen. Die Augen waren offen und blickten starr. Dieser Anblick irritierte Bath.

»Eh, was ist los«, sprach er sie an und hob den Oberkörper, um das Band vom Kopf zu entfernen. Doch der Körper war kalt und steif. Entsetzt ließ er ihn zurückfallen. Nach einer Schrecksekunde legt er zwei Finger an den Punkt, wo er die Halsschlagader vermutete. Da pulste nichts. Die ist tot, schoss es ihm durch den Kopf. Mausetot. Wie konnte das denn passieren?

Wütend erhob er sich. Jetzt brauchte er einen Schnaps, um seine Nerven zu beruhigen. Er langte nach der Flasche im Kühlschrank und setzte sich die Flasche an den Mund. Scheißescheißescheiße, was machte er jetzt bloß?

Entsorgen, er muss die Alte loswerden. Und ihren ganzen Trödel. Im Wagen durfte nicht ein Stück von ihr bleiben, nichts, was ihn belasten könnte, falls man seinen Wagen durchsuchen sollte.

Als erstes holte er einen blauen Müllsack aus dem Schrank und zog diesen der Toten über den Kopf. Er reichte bis zu den Knien. Also noch einen zweiten über die Beine gezogen. Dann verschnürte Bath mit jagendem Atem das blaue Paket. Wohin damit? Er würde schon einen Platz finden, wo er es unauffällig würde entsorgen können.

Hastig sammelte er schließlich alle Kosmetika in eine Plastiktüte, den Kulturbeutel stopfte er in eine zweite. Damit stapfte er zu einem Mülleimer auf dem Parkplatz, weg damit. Wieder im Wohnmobil stopfte er Hannas Kleider in mehrere Tüten, die würde er auf den folgenden Parkplätzen sukzessive entsorgen, schließlich auch ihre Tasche, aber diese völlig entleert. Fort, alles weg. Es durfte keine Verbindung zu Hanna und deren Kleider und zu ihm hergestellt werden.

Nachdem alles getan war, kehrte Ruhe in ihm ein. Jetzt verspürte auch wieder Hunger und den Drang im Darm, der ihn hatte halten lassen. Er stieg aus, sperrte das Wohnmobil ab und schlenderte gelassen zur Raststätte hinüber. Das Selbstbedienungsrestaurant war gut gefüllt, es herrschte lärmende Ausgelassenheit. Niemand beachtete Bath. Er schnappte sich ein Tablett und musterte die Auslage. In aller Seelenruhe stellte er sich ein Menü zusammen, zahlte und suchte sich einen Tisch am Fenster.

Nach einer halben Stunde setzte er die Fahrt fort. Aufmerksam musterte er jede Abfahrt, jeden Abhang. Besonders wilde Müllkippen weckten sein Interesse.

Schon bald wurde er fündig. Unweit der Straße entdeckte er einen Hang, an dem schon Dutzende Autofahrer ihren Dreck abgeworfen hatten. Bath nahm die nächste Abfahrt und steuerte die Kippe an. Bevor er das blaue Paket aus dem Wohnmobil zerrte, vergewisserte er sich, dass niemand ihn beobachtete. In der Ferne rollte der Straßenverkehr, von dort war er kaum zu erkennen. Er zog Hanna aus der Tür, schulterte sie und trug das Bündel bis an die Kante. Dorf warf er es in hohem Bogen zu Tal. Es schlug auf dem alten Müll auf, rollte weiter und blieb an einer Baumwurzel hängen. Das aber sah Bath schon nicht mehr. Er war bereits auf dem Weg zurück zum Wagen.

Nach einer Stunde passierte er Innsbruck, für die aufragenden Türme hatte er keinen Blick. Nur weiter, nur weg hier. Er wollte möglichst rasch viele Kilometer hinter sich bringen. Und je weiter die Tote und ihre Habseligkeiten hinter ihm lagen, desto besser wähnte er sich. Mit jedem Kilometer nahm sein Wohlbefinden zu. Er fühlte sich erleichtert und befreit. Schon bald erreichte er Bad Wiessee.

Mit großer Aufmerksamkeit studierte er in den folgenden Tagen die Presse, dort insbesondere die Polizeimeldungen. Befriedigt registrierte er das Ausbleiben einer Nachricht, dass man eine tote Frau in blauen Plastiksäcken in Tirol gefunden habe, deren Identität nicht bekannt sei. Mit jedem neuen Tag kehrte er zu seinem gewohnten Rhythmus zurück. Auch nahm er wieder seine »Arbeit« auf, denn von irgendetwas musste er ja schließlich leben.

Vier Tage nach der unfreiwilligen Trennung von Hanna traf sich Bath zum Rendezvous mit Theresia. Auch sie hatte er nach Garmisch einbestellt, man könne ja einen Abstecher nach Österreich machen. Reinhard Walter, so nannte er sich, deutete galant einen Handkuss an, als sie ihm die Hand zum Gruß reichte. Bath hatte sich in Schale geworfen und punktete, wie erwartet, bei der gepflegten und trotz ihrer Jahre attraktiven Bayerin. Sie war ihm in jeder Hinsicht überlegen, eine echte Herausforderung. Der Besuch eines Cafés um österreichischen Seefeld und das Abendessen im »Residenz« strengten Bath wegen der Konversation merklich an. Die kultivierte Witwe wahrte die Contenance, so lange sie nüchtern war. Doch Bath vermochte diesen Zustand bald zu beenden. Man trank sich durch die Karte.

Theresia, voll des süßen Weines, bot ihm schließlich das »Du« und den spitzen Mund zum Kusse an, wovon er sofort Gebrauch machte. »Ich heiße Resi«, sagte Resi, und zog ihren vermeintlichen Galan auf die Tanzfläche.

Auf Wolke 7 und mit etlichen Promille im Blut schwebte man Mitternacht entgegen. Resi zückte gelegentlich ihre Digitalkamera, Kopf an Kopf lächelten sie in die Linse und amüsierten sich anschließend über die Aufnahme. Gegen 1 Uhr, die Kellner blickten schon ein wenig genervt, entschlossen sich die beiden endlich zum Gehen. Die Situation glich bis dahin jener aus »Manche mögen's heiß«, als Daphne den alten Osgood mit stundenlangem Tangotanzen von der Rückkehr auf seine Yacht abhalten musste, weil eben dort sein Freund und Kupferstecher Joe alias Josephine es mit Sugar trieb. In einer Endlosschleife schlurfen Daphne und Osgood übers Parkett, an dessen Rand die verärgerten Kellner standen und das Ende des Tanzes herbeisehnten. Doch im Unterschied zum Filmpaar waren »Reinhard« und Resi zwar berauscht, aber keineswegs ermattet. Erst die Einsicht, dass auch das Personal Anspruch auf einen Feierabend hatte, ließ sie aufbrechen.

»Na denn«, fragte sie, »fährst du mich noch nach Hause?«

Auch ohne diese explizite Aufforderung, gegen Gesetze und Regeln des Straßenverkehrs zu verstoßen, schwang sich der trunkene Bath hinters Lenkrad seines Hyundai, nachdem er – charmant, charmant – ihr die Beifahrertür gehalten hatte.

Auf der Landstraße fuhr er mit gedrosseltem Tempo. Bath wollte nicht das Schicksal in Gestalt einer Verkehrskontrolle herausfordern und schlich dem Ort am Fuße der Zugspitze entgegen. Doch nachdem sie das Dorf Leutasch passiert hatten, überkam es Bath mit einem Mal. In seiner Hose regte sich etwas, was nicht so oft mehr geschah, aber wenn einmal doch, dann brachen alle Deiche. An der nächsten Abfahrt bog er ab und steuerte dem Wald entgegen. Resi kicherte und gackerte und bemerkte die Kursänderung nicht. Erst als Bath hielt und sich ihr zuwandte, wachte sie auf. »Musste mal pinkeln«, erkundigte sie sich ein wenig gewöhnlich.

Doch Bath antwortete nicht und versuchte stattdessen, sie zu küssen.

»Na, lass das«, wehrte die Begehrte ab, »i mag nich, i will nur noch in mein Bett«.

Bath jedoch hielt nicht inne, was die Witwe in jeder Hinsicht ernüchterte. Mit forscher Stimme, die keinen Widerspruch duldete, forderte sie erst »Reinhard«, dann »Herrn Walter« auf, »den Quatsch« zu lassen, den sie noch immer für Quatsch, also eine Entgleisung, hielt. Ein solch schöner Abend konnte doch kein derart billiges Ende nehmen.

Doch je stärker ihr Widerstand wurde, desto heftiger bedrängte sie der schwanzgesteuerte Bath, was, zugegeben, in dieser Position nicht nur blöd ausschaute, sondern auch blöd war: Der Tunnel mit dem Schaltknüppel zwischen den beiden Sitzen wirkte wie eine Barriere, so dass, was sich als Glück für die Beifahrerin erwies, Bath in seinem Drang hinreichend behindert wurde. Er wurde wütend auch darüber, dass sich die alte Jungfer so leidenschaftlich widersetzte. Wieso gab die Ziege sich ihm nicht leidenschaftlich hin, das wollte ihm nicht in den trunkenen Schädel.

»Hör auf, du Sau«, brüllte die Frau und suchte im Dunkeln den Türgriff, nachdem sie bereits den Gurt gelöst hatte. »Hau ab!«

Dann spürte sie Reizgas auf der Zunge, das ihr Bath ins Gesicht gesprüht hatte. Gottlob ging es nicht in die Augen. Sie hustete und röchelte dennoch. Bath drückte weiter auf die Spraydose, doch die war bereits leer. Hatte er nicht noch den Elektroschocker im Handschuhfach? Während er mit der einen Hand an der Klappe fingerte und sich kurzzeitig darauf konzentrierte, entwich Theresia seiner Rechten. Ihr war es gelungen, die Tür zu öffnen. Sie rollte sich aus dem Wagen. Der Waldboden war dumpf und feucht.

Doch ehe sie sich erheben konnte, war Bath bereits über ihr. Er drückte sie zu Boden und hangelte zugleich nach der Handtasche. Es ging ihm nicht um die Geldbörse, wie die vermögende Frau vermutete, sondern um die Kamera. Bath war wieder soweit bei Verstand, dass er wusste: Ich muss die Bilder vernichten, die mich zeigen. Ein besseres Beweismittel konnte die

Polizei nicht kriegen – wofür auch immer. Die Sicherheitsreflexe funktionierten, alles andere nicht.

Er drückte und würgte und versuchte gleichzeitig der Tasche habhaft zu werden, was aber auch nicht unbedingt logisch war: Tötete er sie, hätte er alle Zeit der Welt, die Spuren zu beseitigen. Da aber waren auch die Kellner in Seefeld, die sie zusammen gesehen hatten. Bath dachte darüber nicht nach, er wollte nur die Tasche.

Plötzlich schlug der Blitz in seinen Schritt ein. Der Schmerz fuhr bis in die letzte Haarwurzel, für einen Moment schwanden ihm die Sinne. Mit ganzer Kraft hatte ihm Resi in die Eier getreten, dass ihm schwarz vor Augen wurde. Wimmernd kippte er zur Seite, automatisch gingen die Hände zum Gemächt, als könnte er dadurch den Schmerz lindern.

Blitzschnell erhob sich die Frau und flüchtete ins Unterholz. Zweige und Büsche peitschten ihren Körper, sie rannte ins Dunkel und achtete darauf nicht. Nur weg. Sie hatte einige Augenblicke Vorsprung, die wollte sie nutzen. Mit rasendem Atem fegte sie orientierungslos in den Wald und fürchtete fast, im Kreis und ihrem Peiniger in die Arme zu laufen. An einem dicken Stamm verharrte sie, der Puls jagte, ihr Herz vibrierte geradezu. Da. In den Ohren rauschte das Blut. Hatte sie richtig gehört oder spielten die Sinne ihr einen Streich? Das klang wie ein Motor. Dann sah sie in der Ferne einen Widerschein. Fuhr der Mistkerl etwa weg? Sie starrte wie gebannt in die Richtung, aus der das Licht kam. Kein Zweifel: Der fuhr den Waldweg ab und hoffte sie auf diese Weise zu entdecken. Keine Chance, da war sie sich ziemlich sicher.

Mit dem Rücken rutschte sie am Baumstamm zu Boden. Sie spürte das Moos so wenig wie das Brennen der aufgerissenen Haut. Ihr Blick verfolgte die langsame Bewegung des Lichts. Zwei-, dreimal wendete der Wagen, dann fuhr er davon. Das rote Licht der Rückstrahler wurde von der Nacht geschluckt.

Nun spürte sie auch die Kälte, die langsam in ihr aufstieg. Sie schob sich am Stamm in die Höhe. Was tun? Am besten zur Polizei. Die nächste Wache war in Seefeld, das waren sechs oder sieben Kilometer. Die Pumps hatte sie bei dem Gerangel verloren, sollte sie danach schauen? Doch vielleicht wartete das Schwein aus eben diesem Grunde dort auf sie? Dass er weggefahren war, konnte auch eine Finte gewesen sein? Eventuell hatte er den Wagen woanders abgestellt und war zurückgekehrt an den Ort, wo sie ihre Schuhe verloren hatte.

Das Risiko schien ihr unvertretbar hoch. Zudem konnte sie mit den hohen Absätzen ohnehin nicht durch den Wald laufen. So taumelte sie denn barfuß gen Süden, in jene Richtung also, aus der sie gekommen waren und in der sie Seefeld wähnte.

Am frühen Morgen, es begann bereits zu dämmern und Nebel lag auf den Wiesen, passierte sie das Ortsschild. Seefeld war eine Gemeinde, die wenig mehr als dreitausend Einwohner, aber übers Jahr, und dort insbesondere im Winter, über eine Million Urlauber zählte. Sie hatte folglich auch eine ordentliche Gendarmerie.

Der Diensthabende nahm ihre Anzeige auf und schickte sie umgehend zum Arzt, dem er sein Kommen anzeigte. Er solle, so der Gendarm, die Frau untersuchen und behandeln. Das tat dieser auch und vermerkte im Protokoll: zwei Schürfwunden an der Hand und Prellungen am rechten Fuß, der Brustbereich feuerrot als Folge von Reizgas.

Nein, eine Vergewaltigung im üblichen Sinne habe es nicht gegeben, aber die Verletzungen bestätigten die Darstellung der Geschädigten: Sie hatte den Vollzug erfolgreich verhindert. Der Rest sei Sache des Gerichts – so man den Täter ausfindig machte.

Nunmehr begannen die Mühlen der Justiz zu mahlen. Die Ermittler hatten wunderschöne Fotos des Täters. Auch wenn Namen und sonstige Angaben gewiss gelogen waren, so gab es sein Abbild und seine DNA, die man unter den Fingernägeln des Opfers fand. Auf der anderen Seite: Es war kein Gewaltverbrechen nach den Buchstaben der Strafgesetze, nur eine versuchte Vergewaltigung, notfalls gab es einen versuchten Totschlag her. Mal sehn.

Unterdessen waren auf der E 45, die den Brenner überquerte, die Putzkolonnen der Straßenmeisterei unterwegs. In regelmäßigen Abständen sammelten sie den Müll ein, den die Autofahrer links und rechts der internationalen Piste fallen ließen. Österreich achtete auf eine saubere Umwelt und räumte den Dreck weg, den Zeitgenossen zurückließen, wenn sie Tirol eilig passierten. Gelegentlich schauten sie auch in die abgelegten Säcke in der meist illusionären Annahme, sie würden dort die Adresse des Umweltsünders oder einen Hinweis finden, dem man nachgehen konnte. Denn es war nicht ganz billig, den Müll zu beseitigen, und wen man jemanden erwischen konnte, den ließ man zahlen, und war nicht zu knapp.

Mit der Präzision eines Uhrwerks arbeitete sich das Räumkommando auch bis zu jener wilden Deponie am Abhang vor, die einige Tage zuvor von einem Wohnmobilfahrer aus Bayern aufgesucht worden war. Unter den stichprobenartig geöffneten Müllsäcken war auch ein blauer.

Schon bald lag der Leichnam auf einem Tisch in der Gerichtlichen Medizin der Innsbrucker Universität. Die Polizei hatte zunächst alle Vermisstenmeldungen diesseits und jenseits der österreichischen Grenzen durchforschen lassen. Eine Frau war nicht darunter, die annähernd so ausschaute wie die aufgefundene Leiche. Wer also war die unbekannte Tote? Die Gerichtsmediziner obduzierten sie nach allen Regeln ihrer Kunst und fanden heraus, dass die Frau, wozu gewiss keine großen Fähigkeiten gehörten, bereits vor fünf, sechs Tagen gewaltsam ihr Leben verlor, und zwar nicht an jenem Ort, an welchem man sie zufällig entdeckt hatte. Zwar fanden sie im Blut Spuren der pflanzlichen Gifte Atropin und Scopolamin, doch die waren nicht die Todesursache. Die Frau musste erstickt sein, wie die feingeweblichen Untersuchungen ergaben. Die Mediziner konstatierten einen Mangel an Sauerstoff, der über längere Zeit geherrscht habe, mithin sei die Frau nicht rasch, sondern langsam hinübergedämmert. Spuren im Gesicht wiesen auf eine Art Knebelung hing, auch an Händen und Füßen stellten sie Male von Fesseln fest, aber diese waren entfernt worden, bevor man die Frau in den Sack steckte. Da war sie offenkundig bereits tot.

Die Suche nach fremder DNA war erfolgreich. Unter den Nägeln der Toten fand man reichlich Hautpartikel, die von einer anderen Person stammten. Ein Abgleich mit einschlägigen Datenbanken jedoch förderte nichts zutage. Es wäre auch zu einfach gewesen.

Die Polizei war, wie meist in solchen Fällen, anfangs ratlos und konzentrierte sich zunächst auf die Feststellung der Identität. Wie immer schaltete sie Meldungen in der regionalen Presse, in denen gefragt wurde, ob jemand die unbekannte weibliche Leiche kenne oder gesehen habe, als sie noch lebte. Sie verteilte Aushänge an Tankstellen und Supermärkten, das Regionalfernsehen griff gern diesen Fall auf, er sorgte schließlich für eine gewisse Abwechslung im sonst so langweiligen Nachrichtenteil. »A Leich« findet man selten im Straßenrand.

Doch überall Fehlanzeige. Die Hinweise aus der Bevölkerung, abgegeben von Wichtigtuern und Trittbrettfahrern, erwiesen sich ausnahmslos als irrig. Daraufhin entschloss sich der Chef der Kriminalabteilung des Landesgendarmeriekommandos Tirol, kurzfristig das *Zweite Deutsche Fernsehen* in Mainz einzuschalten. Dort lief seit Jahren »Aktenzeichen XY ungelöst«, und oft schon stieß man auf diesem Wege auf eine heiße Spur. So auch in diesem Falle. Es gingen ernstzunehmende Hinweise ein.

Die polizeilichen Ermittlungen förderten schließlich sogar den Reisepass von Hanna zutage, den Bath in der Hektik mit Kosmetika und Kleidungsstücken in Abfallbehälter entlang der Autobahn entsorgt hatte. Damit begann sich der Ring um Bath langsam zu schließen. Die Kriminalisten in Görlitz und Halle leisteten Amtshilfe und lieferten Angaben zur Person von Hanna und der von Bath, der wahrlich kein unbeschriebenes Blatt war.

Im Zuge der Ermittlungen wurde auch bald klar, dass es eine Verbindung zum Fall der versuchten Vergewaltigung bei Leutasch gab. Die DNA-Spuren unter den Fingernägeln stimmten überein. Die den Zeugen im Mordfall vorgelegten Bilder aus Resis Digitalkamera überführten Bath ebenfalls. Das sei der Mann, den sie mit der später Ermordeten gesehen hätten, erklärten etliche Beobachter übereinstimmend.

Aber wo hielt sich dieser Dietmar Bath auf? Er war weder in Deutschland noch in Österreich polizeilich gemeldet, war also offenbar ohne festen Wohnsitz. Und das Wohnmobil und das Auto: Wo waren sie zugelassen worden? In Bad Wiessee am Tegernsee, bekam man schließlich heraus.

Dort, kaum zu glauben, hielt sich in jenen Tagen auch Bath auf. In seiner Wohnung griff er sogar zum Hörer, um bei »Resi« in Garmisch anzurufen. Er wollte feststellen, ob sie zu Hause angekommen sei, würde er später dem Richter erzählen. Gleichsam aus Fürsorge, wie er glauben zu machen versuchte. Schließlich habe er ihr nichts getan.

Das Vergewaltigungsopfer nahm den Hörer tatsächlich ab. Als Bath »Resis« Stimme vernahm, legte er auf – und sann auf Rache. Der wollte ihr eine Abreibung verpassen, die sich gewaschen hatte! Doch bevor er aufbrach, schaute er sich die österreichischen Regionalnachrichten im Fernsehen an. Diese brachten ein Bild von Hanna und die Kunde, dass inzwischen die Identität der Frau ermittelt werden konnte. Die Ostdeutsche stamme aus Halle, wäre eine alleinstehende Chemielaborantin.

Das veranlasste Bath zur Korrektur seiner Pläne. Eine zweite Tote wollte er nun denn doch nicht seinem Sündenregister hinzufügen, und vielleicht ging die Sache mit Hanna auch als Unfall durch. Denn er hatte sie ja nicht umbringen wollen. Also verharrte er gleichsam in Schockstarre in seiner Wohnung in Bad Wiessee und hoffte, die Sache verliefe im Sande. Irgendwie. Mit diesem Verhalten offenbarte Bath nachdrücklich, dass er nicht einer der Hellsten war.

Am 5. Oktober 2003 klingelte es an der Tür.

»Sind Sie Herr Dietmar Bath?«

Das bestätigte er.

Dann klickten die Handschellen.

Bei den ersten kriminalpolizeilichen Vernehmungen bestritt Bath, die Tote überhaupt zu kennen. Nein, nie und nimmer habe er diese Frau gesehen, behauptete er ebenso dreist wie doof. Dann legte man ihm die Beweise vor. Stück für Stück. Nichts hatte man vergessen, selbst das Fläschchen mit den Beruhigungstropfen nicht, das man im Wohnmobil fand. Die Medizin nehme er auf Anraten seines Arztes zur Beruhigung, erklärte Bath, was solle daran kriminell sein? Dann aber brach es aus ihm raus.

Er habe sie nur ruhig stellen und keineswegs umbringen wollen. Und sie wäre auch nicht erstickt, wenn sie nicht so gezappelt hätte, wodurch der Klebestreifen in den Mund gerutscht wäre. Vielleicht hatte sie auch etwas am Herzen oder mit dem Kreislauf, und ihm wolle man nun den Tod der Frau in die Schuhe schieben, weil man doch einen Mörder für die Massen brauche. Bath geriet in Fahrt, er redete sich nicht nur in Rage, sondern auch um Kopf und Kragen.

Und die Kriminalisten knallten wie beim Skat eine Anzeige nach der anderen auf den Tisch: von Frauen, denen er an die Wäsche oder ans Portemonnaie gewollt hatte, Urkundenfälschungen, Betrügereien, Diebstahl, gefährliche Körperverletzung, Exhibitionismus. Zack, zack, zack und noch eins …

Exhibitionismus, hä?

Sie haben ihr Ding Leuten gezeigt, die es nicht sehen wollten! Hat Sie das erregt? Warum machen Sie so was? Der Vernehmer schüttelte genervt den Kopf.

Irgendwann war Bath soweit.

Auch dem Ermittlungsrichter gestand er schließlich den Mord an der Hallenserin und die versuchte Vergewaltigung von Theresia. Später würde er sich nicht mehr äußern. Dem Prozess in München wohnte er schweigend bei. Kein Wort kam über seine Lippen.

Psychologen stellten Bath auf den Kopf und diverse Gutachten für das Verfahren zur Verfügung. Anders als damals in Sachsen vermochte er es nicht, sich diesen Untersuchungen zu entziehen. Die Experten bescheinigten ihm volle Schuldfähigkeit. Er sei weder krankhaft seelisch gestört noch irgendwie sonst abartig veranlagt, eine durchschnittliche Intelligenz führe nicht zwanghaft auf die schiefe Bahn. Eine »endogene Psychose oder andere psychische Störungen« zur Tatzeit könnten mit Bestimmtheit ausgeschlossen werden.

Bath sei extrovertiert, ein Selbstdarsteller, der mit Aufgeschlossenheit und Eloquenz durchaus zu überzeugen wisse. Mit Renommiergehabe überspiele er

Der unheimliche Wohnmobil-Killer aus Görlitz

11. Oktober 2003 • BILD • Seite 3

Er war gerade aus der Haft entlassen!

Von A. MÜNCHOW

Görlitz – Dieter B. (59) aus Görlitz, der mörderische Charmeur. Er hatte in Tirol eine Frau (62) getötet, die er über Kontaktanzeige kennen lernte (BILD berichtete). – Dabei war der Killer erst 2002 aus dem Knast entlassen worden!

BILD enthüllt seine kriminelle Vergangenheit:

Dietmar B. hatte bis 1989 *eine* Broiler-Bar. Später eröffnete er in seinem Haus eine Partnervermittlung. Die Polizei schloss den Laden – es war ein illegales Bordell.

Nach der Scheidung von seiner Frau 1993 ging er nach Spanien, versuchte sich als Immobilienmakler. Doch er kehrte wieder nach Ostsachsen zurück.

Im Dezember 2000 wurde er in Görlitz zu vier Jahren verurteilt wegen Verleumdung! „Er hatte einen Görlitzer Geschäftsmann bezichtigt“, so Staatsanwalt Till Neumann (41), „2000 auf der Autobahn einen Polizisten erschossen zu haben.“

Dietmar B. schickte sogar einen Leichenwagen zur Wohnung des Geschäftsmannes. Der sollte die verstorbene Ehefrau abholen. Doch die lebte zum Glück.

Jetzt sitzt der Wohnmobil-Killer im Gefängnis in München. Die Polizei prüft, ob es weitere Opfer gibt.

Dietmar B. (59) saß bis 2002 im Knast

Bild *machte Bath zum »unheimlichen Wohnmobil-Killer aus Görlitz« und »enthüllte seine kriminelle Vergangenheit«. Allerdings nur in der Regionalausgabe Sachsen*

Unsicherheit und Versagensängste. Und: Er sei unfähig, stabile Beziehungen aufzubauen. Die Verbindungen besäßen keine emotionale Tiefe, er sei nicht in der Lage, eine andere als seine subjektive Perspektive einzunehmen. Er habe nicht nur ein übersteigertes Selbstbild, sondern versuche dies auch zu behaupten. Psychologisch gesehen habe er zwar ein »normales Aggressionspotential«, doch wenn seine dominante Art auf Widerspruch stieße, dann versuche er sich auch durchzusetzen. Das sei nachweislich in einigen Fällen geschehen.

Um andere Straftaten zu verdecken, habe er einen Menschen grausam getötet, urteilte am Ende der Richter am Landgericht München II.

Bath liegt auf seiner Pritsche in Nürnberg. Bilder aus der Kindheit ziehen vor seinem geistigen Auge vorüber. Auch jene Sequenz aus der Nachkriegszeit ist dabei, als er mit der Oma zum Bauern Schmitt ging, um frische Milch zu holen. Sie suchten ihn überall und riefen nach ihm, doch der Bauer antwortete nicht. Auch im Stall reagierten nur die Kühe auf ihre Rufe. Doch plötzlich wurden er und die Großmutter gewahr, das ein Mann leblos an einem Strick baumelte, der über einen Balken geworfen war. O mein Gott, schrie die Oma und hielt ihm die Hand vor die Augen, damit er nicht sähe, was er schon längst gesehen hatte.

So führte sie ihn blind vor die Stalltür und hieß ihn warten. Schon bald kam sie mit der Kanne aus dem Stall, in der die euterwarme Milch dampfte. Sie nahm ihn stumm an die Hand und führte ihn nach Hause.

Liebesmord

Der Polizist blinzelt über den Rand seiner Hornbrille. Sein Blick ist eine Mischung aus privater Erheiterung und dienstwilligem Mitleid. Die kleine, ein wenig füllige Frau schaut auf den Boden. Deshalb kann sie nicht im Gesicht des Uniformierten lesen. Diese Lektüre würde sie vermutlich verletzen.

»Und der lag dann in Ihrem Bett. Einfach so?«

Die Frau schnieft und drückt sich das Taschentuch gegen die Nase. »Ich kann es doch auch nicht ändern. Es war so.«

Der Polizist schüttelt den Kopf und langt nach dem Papier. »So etwas habe ich noch nie gehört.«

»Glauben Sie mir etwa nicht?«

»Dochdoch«, beeilt er sich zu versichern, »ich habe keinen Zweifel an Ihrer Darstellung. Ich wollte damit nur andeuten, dass mir ein solcher Fall in meiner langen Praxis noch nie untergekommen ist.« Seit Jahrzehnten arbeitet Hauptmann Bräuer bei der Kriminalpolizei, davon den längsten Teil in Görlitz. Er hat vieles gesehen, vieles gehört, aber so etwas Abstruses noch nie. Man sieht: Das Leben hält mehr Überraschungen bereit als die Phantasie.

Er langt nach den Bögen, legt sorgfältig das Kohlepapier zwischen die weißen Blätter, drei Kopien braucht er. Da muss er kräftig in die Tasten der »Erika« hauen, damit auf dem letzten Durchschlag noch etwas zu lesen ist. Er lässt die Bögen mit der unteren Kante auf die Tischplatte fallen, damit sie ordentlich liegen, dann dreht er den Stoß mit der Walze in die Maschine. Knarzend frisst sie das Papier und speit es im vorderen Teil mit den Typen wieder aus.

»So, dann wollen wir mal. Name?«

»Margit Mechler.«

»Geboren?«

»23. Oktober 1958.«

»Familienstand?«

»Verheiratet. Mein Mann ist Bauarbeiter und arbeitet auf Montage in Berlin.«

»Kinder?«

»Ja. Eine Tochter. Kristin ist zwei Jahre alt.«

Bräuers Finger kreisen suchend über die Tastatur. Er macht das nicht ungeschickt, das Schreiben geht ihm flüssig von der Hand, doch eine Ausbildung hat er ganz offensichtlich nicht genossen. Das ist jedenfalls kein trainiertes Zehnfinger-System.

»Welchen Beruf haben Sie, Frau Mechler.«

»Ich bin Erzieherin und arbeite als Kindergärtnerin in Grünwald, also in meinem Wohnort.«

Nachdem die letzte Taste geschlagen ist, nimmt Bräuer die Hände von der Maschine. Er stützt die Ellbogen auf den Tisch und legt die Fingerspitzen aneinander. Das Dreieck endet in Höhe seiner kräftigen Nase. Auf deren Spitze platziert er auch den Gipfel seiner Unterarmpyramide. Die Pose signalisiert sowohl Aufmerksamkeit wie auch Nachdenken.

»So, und nun schildern Sie mir bitte, was gestern Abend passiert ist. Lassen Sie sich ruhig Zeit.«

Die Frau auf dem Stuhl vor ihm schnäuzt und strafft sich. Die Aufforderung hat scheinbar jede innere Erregung gestoppt, es geht um die Klärung eines Sachverhalts, aus der privaten wird nunmehr eine

Amtssache. Auch ohne ausdrücklichen Hinweis ist ihr bewusst, dass sie mit ihrer Aussage mindestens in ein Schicksal eingreifen wird, nämlich in das des Täters. Was sie jetzt sagt, wird irgendwann auf dem Tisch eines Staatsanwalts und eines Richters landen. Ihre Ausführungen sind das Korn, das ins Mahlwerk der Justiz gegeben wird.

»Ich kam gestern nach der Arbeit mit meiner Tochter nach Hause. Wir besitzen in Grünwald einen schönen alten Bauernhof, den mein Mann und ich in den letzten Jahren ausgebaut haben. Die Leute reden zwar hinter unserem Rücken, dass das nicht mit rechten Dingen zugegangen sei, wir wissen das. Aber das ist alles Quatsch. Mein Mann hat viele Kumpels auf dem Bau und kennt Hinz und Kunz. Insofern war es keine große Kunst. Auch die Materialbeschaffung erfolgte völlig legal. So, das nur dazu. Falls Sie bei Ihren Ermittlungen irgendwelchen Quatsch zu hören bekommen.«

Bräuer winkte ab. Das interessiere ihn nicht. Im Übrigen sei ihm bekannt, dass auf den Dörfern viel geredet wird, wenn der Tag lang und die Missgunst groß ist. Das sei die Kehrseite der verschworenen Gemeinschaft, die das Dorf gemeinhin gegen »die Welt draußen« bildet. Wenn man jedoch ins Innere der Wagenburg blicke, sähe man auch nur eine Versammlung von Individualisten, von denen die meisten auf den eigenen Vorteil bedacht sind. Ach, denkt Bräuer seinen Gedanken weiter, auf dem Lande sind wir noch weiter vom »neuen Menschen« entfernt als in den Großbetrieben, wo er zumindest in Rudimenten einen kollektiven Gemeinsinn meint entdeckt zu haben, Klassengeist und Klasseninstinkt eben. Der

Bauer aber, selbst in der LPG, ist irgendwie der alte Adam geblieben. Er klebt an seiner Scholle und ist vom Wesen her konservativ.

»Ich habe das Abendbrot gemacht und Kristin versorgt. Dann brachte ich sie ins Bett.«

»Hat sie ein eigenes Zimmer?«

Margit Mechler schüttelt den Kopf. »Dazu ist sie noch zu klein. Ihr Bettchen steht bei uns im Schlafzimmer.«

»Und da ist Ihnen nichts aufgefallen?«

»Nein. Es war alles so wie immer. Oder sagen wir es mal so: Ich habe nicht bewusst darauf geachtet, deshalb ist mir nichts aufgefallen. Ich habe sie also ins Bettchen gelegt und mich an die Wäsche gemacht. Dann habe ich noch ein wenig ferngesehen. Kristin gab jedoch keine Ruhe. Ich bin also wiederholt ins Schlafzimmer gelaufen, um nach ihr zu schauen. Normalerweise schläft sie immer gleich ein. Ich fürchtete schon, dass sie etwas ausbrütet. Sie wissen ja: Wenn ein Kind in der Krippe die Grippe hat, ist es nur eine Frage der Zeit, bis sich auch die anderen angesteckt haben. Ich habe ihr die Hand auf die Stirn gelegt, um festzustellen, ob die Temperatur erhöht sei. Aber da war nichts. Sie ningelte nur, war unruhig. Gut, sagte ich ihr, ich gehe ja auch gleich ins Bett, weil ich dachte, sie will nur, dass ich zu ihr käme.«

»Und Sie haben sich dann ins Bett gelegt.«

»Ja, nachdem ich im Bad gewesen war und mir dort das Nachhemd übergeworfen hatte. Ich habe der Kleinen noch einen Kuss gegeben und bin dann ins Bett. Und da ist es passiert.«

Bräuer bleibt unbeweglich sitzen, keine Wimper zuckt, er ist ganz Amtsperson.

»Ich habe mich also in mein Bett gelegt, und plötzlich flog die Bettdecke nebenan weg. Da liegt dieser nackte Mann in Arnes Bett.«

»Nackt? Vorhin sagten Sie noch, er hätte eine Unterhose angehabt.«

»Ja, er trug einen Slip. Aber sonst war er nackt.«

»Sie erkannten den Mann?«

»Nicht sofort, es war ja dunkel, und er drückte mir auch gleich das Kissen auf den Kopf, als ich zu schreien anfing. Erst später, als er redete und ich mich befreien konnte, bekam ich mit, dass es dieser Schlosser aus der Werkstatt des Mannes meiner Kollegin war. Dieser Robert Steinhauer.«

»Was hat er gesagt?«

»Na, dummes Zeug eben. Dass er es mir besorgen wolle, und ich solle mich nicht so haben, ich wolle es doch auch. So gut wie Arne sei er allemal.«

»Und Sie haben sich ernsthaft gewehrt, also nicht den Eindruck vermittelt, dass Sie sich, na, sagen wir mal, anstandshalber verweigerten?«

Ein Blick trifft den Hauptmann der K, der mehr als eine wortreiche Erklärung sagt.

»Schon gut, ich ziehe die Frage zurück.«

»Inzwischen war durch mein Geschrei und das heftige Gerangel in den Ehebetten Kristin vollends wach geworden und begann laut zu weinen. Ich wollte zu ihr und gleichzeitig diesen Idioten loswerden, der sich auf mich geworfen hatte und mir ins Gesicht sabberte. Aus jeder Pore tropfte ihm das Testosteron, um es mal medizinisch zu formulieren. Der war so was von notgeil, so etwas habe ich noch nie erlebt, nicht mal, als Arne bei der Fahne war. Eine ungemolkene Spermabombe, wenn Sie verstehen, was ich meine.«

Der Kriminalist konnte sich ein Grinsen nicht verkneifen. Er verstand sehr wohl.

»Und wie konnten Sie sich befreien? Sie haben sich doch befreien können?«

Die kleine, aber erkennbar resolute Frau berichtete, dass sie vor geraumer Zeit einen Selbstverteidigungskurs absolviert habe, den die Volksbildung den Erzieherinnen im Kreis angeboten hatte. Sie wollte ursprünglich nicht mitmachen, weil sie dafür keine Notwendigkeit sah. Wer käme schon in einen Kindergarten und lege sich handgreiflich mit einer Erzieherin an, hatte sie damals Arne gefragt, weil der diesen Kurs so dämlich nicht fand. Sie müsse nicht annehmen, meinte er, dass es bis in alle Ewigkeit so friedlich und gesittet bei uns zugehen werde wie jetzt. Bisher wäre alles, wenngleich zeitversetzt, auch zu uns gekommen, was sich im Westen entwickelt habe: von Beat über Mini-Rock, beschmierte Häuserwände bis hin zu Drogen. Wer sagt denn, dass nicht auch Gewalt und Unsicherheit bei uns zunehmen werden, hatte er gefragt. »Und deshalb sei es gut, sagte mein Arne, wenn ich im Wortsinne gerüstet sei für eine mögliche Zukunft … Ich hatte ja nicht ahnen können, dass sie so rasch über mich kommen würde.«

»Sie haben also den Selbstverteidigungs-Kurs besucht?«

»Ja, war ganz lustig. Ein bisschen Sport kann ohnehin nicht schaden.«

Bräuer schaute auf seinen üppigen Bauch hinab. Vom Dienstsport war er seit langem befreit, er war ein Bewegungsmuffel und zudem ein Freund von Süßigkeiten, seit er nicht mehr rauchte. Seine Frau achtete zwar darauf, dass er nicht jeden Tag beim Fernsehen eine Tafel Schokolade verzehrte, aber auf zwei, drei Tafeln in der Woche kam er schon. Er wandte sich wieder Frau Mechler zu. Die plapperte munter weiter, als redete sie nicht über sich und eine versuchte Vergewaltigung, sondern über eine andere Person.

»Das Schwein versuchte mit seinem Knie meine Beine zu spreizen. Er hätte die Hände gewiss zu Hilfe genommen, aber die brauchte er ja, um mich festzuhalten. Offenkundig hoffte er, mich zu ermüden und fertigzumachen, damit er zum Zuge kam. Aber nicht mit mir!«

Hauptmann Bräuer wunderte sich über die merkliche Wandlung dieser Frau. Vor einer halben Stunde noch ein Häuflein Elend, wurde sie von Minute zu Minute selbstbewusster.

»Ich habe ihm, wie sie es uns im Lehrgang gezeigt hatten, mein Knie in seine Klöten gerammt. Denn dadurch, dass er sein linkes Bein zwischen meine presste, lagen seine Kronjuwelen frei vor meinem Knie. Sie hätten mal hören sollen, wie der aufjaulte!«

Über ihr gerötetes Antlitz huscht diebische Genugtuung. Kokett wirft sie das schulterlange Haar zurück. Sie ist wirklich hübsch, denkt Bräuer, eine Augenweide, wenn sie von innen strahlt wie im Moment.

»Ich bin aus dem Bett und habe den schweren Bronzeleuchter auf dem Nachttisch gegriffen, ein Trumm, sage ich Ihnen. Potthässlich, ein Erbstück von den Urgroßeltern. Das wirft man nicht weg. In diesem Moment war ich glücklich, dass er dort stand.«

Wie zum Beweis reißt sie den rechten Arm mit einem imaginären Leuchter nach oben und reckt drohend die Bronzewaffe. »So! Und da ist er abgehauen. Nur mit dem Slip bekleidet ist der durch die Haustür nach draußen gelaufen. Der hatte sowas von Schiss, das glaubt man nicht. Als er raus war, habe ich die Tür abgeschlossen und mich zunächst um mein Kind gekümmert. Kristin stand in ihrem Bettchen und brüllte wie am Spieß. Ich habe sie zu beruhigen versucht und ihr ein Zäpfchen gegeben. Nachdem sie eingeschlafen war, habe ich mich um mich gekümmert. Das Nachhemd war eingerissen, ich hatte etliche Kratzspuren an den Händen.«

Sie weist die Arme und die Wundmale vor. Bräuer nickt. »Waren Sie schon beim Arzt?«

»Nein. Ich habe doch keine Beschwerden.«

»Liebe Frau Mechler, seien Sie froh. Aber wir brauchen einen medizinischen Befund fürs Gericht. Da zählt jeder Kratzer. Sie haben doch auch noch das Nachhemd? Ich meine, haben Sie es weggeworfen?«

Margit Mechler lässt vernehmlich Luft aus dem Mund weichen, was soviel bedeutet wie: Bei uns wird nichts weggeworfen, das wird repariert. »Ich habe es in die Wäsche getan.«

»Und schon gewaschen?«

»Nein, wann denn?«

Erleichtert haut Bräuer in die Tasten: »Nachdem ich den Täter aus dem Haus gejagt, die Tür verschlossen und mein Kind beruhigt hatte, habe ich im Bad meinen Zustand begutachtet und das zerrissene Nachthemd in die Wäsche getan. So.«

Man werde es bei bei der Spurensicherung mitnehmen, sagte der Hauptmann.

»Wieso Spurensicherung? Ich weiß doch, wer es war. Ich habe Robert Steinhauer erkannt.«

»Ja«, sagt Bräuer, aber wir brauchen auch Beweise fürs Gericht. Sonst bestreitet der Beschuldigte alles und sagt, es läge eine Verwechslung vor. Das passiert oft. Und wenn die Beweise fehlen ...«

»Dessen Klamotten liegen doch noch unterm Bett. Reicht das als Beweis?«

Der Kriminalist schlägt sich an die Stirn. »Richtig, das hatte ich völlig vergessen. Sie sagten ja vorhin, dass der sich in Ihrem Schlafzimmer seiner Sachen entledigt habe, denn Sie fanden diese später unter Arnes Bett. Allerdings frage ich mich: Wieso wusste er, dass Sie sich in die andere Betthälfte legen würden?«

Die Frau hob die Schultern. War das nicht unerheblich? Machte es einen Unterschied, ob sich der Schmutzfink in Arnes oder in ihr Bett gelegt hatte? Bei längerem Grübeln begann sie etwas zu ahnen.

»Steinhauer ist als Spanner bekannt. Die nennen ihn im Dorf nur den Fenstergucker.«

»Machen sie das nicht alle?«

»Sie meinen die Jungs im Dorf? Ach, naja«, Margit Mechler macht eine wegwerfende Bewegung, als vertreibe sie eine lästige Fliege. Das wäre gewiss schon immer so, wenn Heranwachsende in der Pubertät das andere Geschlecht entdeckten. Und auf dem Dorf müsse auch nicht aufgeklärt werden, da würden schon die Kinder sehen, was der Rammler im Stall mit der Häsin macht und was geschieht, wenn im Hof der Hengst unter Aufsicht die Stute besteigt. In der LPG würde zwar nur noch künstlich besamt, da kenne jedes Kind inzwischen den »Rucksackbullen« und wisse, was dieser tue, wenn er den Färsen mit langem Gummihandschuh »hinten« hineinfahre.

Bräuer wirft ein, dass die Kenntnis der Fortpflanzungstechnik bei Tieren und die Spannerei ja wohl nicht zu vergleichen wären, sie hätten nichts miteinander zu tun. Doch da widerspricht ihm Margit Mechler entschieden. Das wären zwei Seiten einer Medaille. Nee, sagt daraufhin Bräuer wieder, das hieße ja, dass die Jungs auf den Dörfern besonders triebgesteuert seien, was er heftig bestreite.

So geht es eine Weile hin und her, die Schreibmaschine schweigt. Erst als man wieder zum Gegenstand zurückkehrt, beginnt Bräuer erneut in die Tasten zu hauen.

»Frau Mechler gibt an, dass der mutmaßliche Täter Robert Steinhauer im Dorf als Schürzenjäger …«

Der Polizist hält inne. Ist das nicht ein zu harmloses Wort? Aber wie soll er es ausdrücken, wenn ein 15-Jähriger sich in den Umkleideraum der Mädchen schleicht, um nach dem Sportunterricht eine jüngere Schülerin aufzufordern, sich nackt auszuziehen? Und als diese unter Druck und mit Tränen anfängt, sich ihrer Kleidung zu entledigen, erklärt er: Hör auf, das war doch nur Spaß? Das Mädchen lief damals heulend nach Hause, berichtete den Großeltern von der Schweinerei, und der Opa regelte dies, wie man es 1980 noch zu regeln pflegte: Er schnappte sich einen Ochsenziemer und zog dem Bengel auf der Dorfstraße damit eins über. Der Schlag ging gegen seine strammen Waden, und der Schlachtruf des Alten in das Ohr: »Mach das nicht noch mal, sonst vergesse ich mich!«

Steinhauer lässt von dieser Marlen ab, nicht aber von der Neigung, den Mädchen nachzustellen. Seine Mutter, eine alleinstehende LPG-Köchin, ist mit dem kraft- und saftstrotzenden Filius überfordert. Robert ist keineswegs dumm, aber eben unerzogen. Eine Lehrerin bemüht sich sehr um ihn, doch alle pädagogischen Anstrengungen scheitern am Eigensinn des Pubertierenden. Seit der Flaum auf der Oberlippe sprießt, ist er kaum noch zu bändigen. Wiederholt beschweren sich Schülerinnen bei ihr über Robert. Er habe ihnen auf dem Heimweg aufgelauert, sie ins Gebüsch gezogen und zu küssen versucht, berichten sie. Andere erzählen, dass er immer wieder in den Umkleideräumen der Mädchen in der Schulturnhalle herumgelungert und ihnen die Kleidung gestohlen habe, um sich darüber zu amüsieren, wenn sie halbnackt blieben.

Die meisten Lehrer nehmen das nicht sonderlich ernst, das wäre halt so, man müsse das nicht überbewerten. Haben wir nicht alle in unserer Kindheit Doktor gespielt und durchs Schlüsselloch gelinst? Solange es dabei bliebe, müsse man nicht einschreiten.

So verlässt Steinhauer die Schule nach zehn Jahren und beginnt in der MTS, der Motoren- und Traktorenstation in Grünwald, eine Schlosserlehre. Dort schlägt er sich wacker, der Meister ist mit ihm zufrieden, er gilt als verlässlich und arbeitsam. Die Berufsschule befindet sich in Görlitz, er fährt mit seinem Motorroller in die Kreisstadt zur theoretischen Ausbildung. Das Gefährt hat ihm die Mutter finanziert, er selbst den Rest mit Reparaturen dazu verdient. Handwerker sind grundsätzlich rar, Werkstatttermine erst recht. Wer einen Schlüssel halten und einen Vergaser auseinander nehmen kann, ist bei PKW-Besitzern gefragt. Robert kennt die Innereien fast aller Fahrzeuge in der DDR: vom Moped bis zum Mähdrescher. Die MTS-Werkstatt wartet vor allem Maschinen für die Landwirtschaft, ihre Kunden sind LPG und VEG der Gegend. Doch auch die eigenen und die Fahrzeuge für Freunde, Kollegen und gute Bekannte werden mit durchgeschleust. So verdient man sich ein Zubrot, und jene, die Hilfe erfahren, sind glücklich. Beziehungen sind das halbe Leben, alles funktioniert nach dem Grundsatz: Hilfst du mir, helfe ich dir. Die Währung heißt Vitamin B. Erst später wird ausschließlich harte Münze an seine Stelle treten. Mit dem Zuverdienst hofft Robert Steinhauer, sich bald einen Trabant leisten zu können.

An den Wochenenden ist er in den Dörfern und auch in Görlitz unterwegs. Da und dort spielen Bands zum Tanz, Disko ist selten, hier gibt es noch echte Live-Musik. Oft trifft er ehemalige Schulkameraden. Auch Marlen, deretwegen er Prügel mit einem Ochsenziemer erhielt. Die hübsche Blonde ist inzwischen ein knackiger Teenager geworden. Sie besucht die Erweiterte Oberschule in Görlitz und büffelt fürs Abitur. Die Sache vor acht Jahren scheint längst vergessen, sie begrüßt ihn unbefangen. Na, wie geht's, sagt sie und schaut ihn aus tiefblauen Augen an, in denen er wie in einem See ertrinkt. Meine Fresse, was für ein flotter Feger, denkt er, und spürt sogleich den Schlag des Großvaters auf der Wade. Finger weg, sagt sich Steinhauer, es gibt genug andere Mädchen, mit denen er in die Kiste steigen kann. Noch mal verbrennt er sich nicht die Finger.

Auch im Dorf hat man die Geschichte nicht vergessen. Seither erfreut sich Robert Steinhauer besonderer Aufmerksamkeit. Wenn andere den LPG-Frauen auf der Dorfstraße auf ihre üppigen Gesäße schlagen, quittieren dies die Weiber mit Gejohle. Täte er dies, setzte es eine Tracht Prügel. So hält er sich auf Distanz und befriedigt sich mit den Augen. Aber auch das wird publik, der Dorffunk erfährt alles. Als ihn einmal sein Meister zum Brigadier der Mähdrescherfahrer mit der Nachricht nach Hause schickte, der Gerhard solle morgen seinen E 512 nicht vom Hof fahren, er, der Meister, wolle ihn sich erst anschauen, da macht sich Steinhauer brav auf den Weg. Der Wartburg steht vorm Haus, aha, Gerhard ist da, denkt sich Robert und klingelt an der Haustür. Als nichts passiert, geht er um das Haus, er weiß, es gibt wie in jedem auch hier eine Hintertür. Der Hund beobachtet ihn aus schläfrigen Augen, er kennt den Eindringling und schlägt darum nicht an. Die Fenster des einfachen Neubauernhauses befinden sich zu ebener Erde, man kann ungehindert hineinschauen. Das tut er. Steinhauer hält Ausschau nach dem Brigadier, den er benachrichtigen soll.

Das zweite Fenster geht ins Schlafzimmer, wie er gleich merkt. Der Raum liegt im Halbdunkel, er presst die Scheibe an die Nase und hält rechts und links die Hände in Höhe der Augen, um zu verhindern, dass Tageslicht den Blick trübt. Er sieht eine Frau, die nichts anhat. Sie ist drall und knackig und im Obergeschoss gut möbliert. Meine Fresse, denkt Steinhauer, auf dieser Matratze möchte ich mich gern einmal strecken. Doch da reißt ihn ein derber Griff aus den schönen Träumen. Eine Hand klammert seinen Hals und dreht Steinhauers Oberkörper. Er blickt in ein Gesicht, das nicht eben freundlich ausschaut. Was machst du hier, herrscht ihn der Brigadier an, was hast du an meinem Schlafzimmerfenster verloren?

Nichts, stammelt Steinhauer. Mich schickt der Meister, du sollst morgen mit dem Mähdrescher auf dem Hof warten. Er will ihn sich ansehn, bevor du auf den Schlag fährst.

Dann trollt er sich.

Im Dorfkrug prahlt er nach dem dritten Bier, was er jüngst für eine scharfe Schnalle beim Blick durch ein Fenster gesehen habe. Obgleich er mit keinem Detail spart – selbst jene, die er nicht sah, werden genüsslich ausgebreitet –, verschweigt er tunlichst Ort und Namen. Mann, einen Bär hatte die, sage ich euch, der reichte bis kurz unter den Bauchnabel. So was habe er noch nie gesehen. Die Verheirateten am Tisch winken gelangweilt ab: Wie viele Haarbüschel, du Pinsel, hast du überhaupt schon gesehen? Du kennst doch nur die nackten Vötzchen, wie man erzählt.

Das Gelächter steigt über dem Stammtisch in die verräucherte Luft.

Steinhauer hält gegen. Ihr Arschlöcher, sagt er, ich könnte euch Sachen erzählen, davon träumt ihr nur neben eurer Mutti.

Na erzähl mal, du Milchbubi, lass mal hören. Dichtung und Wahrheit, was? Die Männer sind für Zoten immer zu haben, ein Bier, ein Kurzer und eine Schweinerei, so liebt man es zu Abend, bevor man nach Hause wankt, um daheim, entgegen der ursprünglichen Absicht, es der Frau mal wieder richtig zu besorgen, grunzend ins Bett zu fallen.

Steinhauer will schon ansetzen und seinem Affen Zucker geben, als der Dorf-Sheriff, wie der zur Runde gehörende ABV gemeinhin gerufen wird, sich seiner gesellschaftlichen Funktion erinnert, obgleich er nicht mehr im Dienst und auch nicht mehr ganz nüchtern ist. Robert, halt's Maul, ruft er über den Tisch, sonst verbrennst du es dir noch.

Doch Robert ist in Fahrt und lässt sich nicht bremsen. Letztens sei er in Görlitz zum Tanz gewesen und hätte eine abgeschleppt, und als er sie draußen gefingert habe, hätte er überrascht festgestellt, dass die nichts unterm Rock angehabt hätte. Versteht ihr, die hatte keine Hosen an, haha. Und als ich dachte, die hätte sie meinetwegen in einem unbemerkten Moment weggeschmissen, sagte sie mir feixend in mein überraschtes Gesicht, das sei jetzt so Sitte. Die meisten Mädchen trügen keinen Slip mehr, wenn sie zum Bums gingen. Warum, habe ich sie gefragt, und sie hat mit der Achsel gezuckt. Das sei jetzt eben modern. Na schön, dachte ich, soll mir nur recht sein, und habe dann meinen Freudenspender …

Jetzt reicht's, ruft der Dorf-Sheriff und haut mit der flachen Hand auf den Tisch.

Lass ihn doch, sagt sein Nachbar, dem sichtlich der Zahn tropft. Wir hören gern Geschichten aus der Stadt und was man da jetzt so trägt.

Oder eben nicht, brüllt die Runde.

Der ABV schraubt sich von seinem Kneipenstuhl und umrundet den Tisch. Hinter Steinhauer bleibt er stehen. »Du hast genug, Robert, zahl dein Bier und geh nach Hause.«

Der gehorcht nun aufs Wort und verdrückt sich zum Tresen, um seine Zeche zu begleichen. Der ABV lässt sich auf seinen Stuhl fallen und stöhnt. »Hoffentlich ziehen die den bald ein. Es wird Zeit, dass sie ihm bei der Fahne die Hammelbeine langziehen.«

Mein Gott, sagt da einer in der Runde, nun sei nicht päpstlicher als das Politbüro. Das ist doch harmlose Schaumschlägerei. Wir waren in dem Alter doch nicht anders.

Jaja, pflichtet ihm ein anderer bei. Aber heute sind die doch alle reineweg verrückt. Selbst meine zehnjährige Tochter ruft schon »Raus!«, wenn ich ins Bad komme und sie sitzt nackt in der Wanne.

Das ist was anderes, erklärt nun wieder der Polizist. Das ist Päde ..., Pode ..., Pidefelie. Jetzt hab ich's.

Quatsch, sagt da der Mann vom Amt, der es besser weiß, weil er Abitur hat. Das heiße Pädophilie, also Kinderliebe.

Mensch, ich liebe doch meine Kinder. Bin ich da gleich ein Pädophiler, fragt einer erbost. Dagegen muss ich entschieden protestieren.

Der Bulle spricht jetzt ein Machtwort. Zahlen, ruft er zur Theke. Wir alle sind reichlich besoffen und sollten Schluss machen. Zapfenstreich für heute.

Hauptmann Bräuer wechselt das Papier. Nachdem er es eingespannt hat, setzt er die Befragung fort. »Wann, Frau Mechler, hatten Sie das erste Mal Kontakt mit Robert Steinhauer?«

Die junge Frau zögert, sie muss überlegen. Auch stört sie das Wort »Kontakt«. Steinhauer war mal bei ihr im ausklingenden Winter. Sie hatte Probleme mit ihrem Trabi, der nicht anspringen wollte. Sie musste aber dringend mit Kristin nach Görlitz zu einem Arzttermin. Ihre Kollegin im Kindergarten wusste Abhilfe. Sie rief ihren Mann in der MTS an und schilderte das Malheur. Kein Problem, sagte er, ich schicke jemanden rum.

Dieser Jemand war Robert Steinhauer, der dorfbekannte Spanner.

»Er hat mir mal den Trabant repariert.«

»Gab es dabei Ärger?«

»Überhaupt nicht. Er hat das Auto wieder flottgemacht, wir haben noch rasch eine Tasse Kaffee in der

Küche getrunken, dann musste ich los. Nein«, sie schüttelt den Kopf, »der war höflich und zurückhalten. Eigentlich fand ich ihn ganz nett. Die Geschichten, die man über ihn im Dorf erzählte, schienen nicht zuzutreffen.«

»Keine Auffälligkeiten?«

»Nein, nichts.«

Hm, macht Bräuer und überlegt seine nächste Frage. »Und danach?«

»Was meinen Sie?«

»Na, ob Sie ihn nach dieser Reparatur noch mal gesehen oder etwas mit ihm zu tun hatten?«

»Nein, überhaupt nicht. Ich habe ihn erst wieder gesehen, als er in Arnes Bett lag. Und das andere kennen Sie ja bereits. Mehr gibt es nicht zu sagen.«

Gut, sagt Bräuer und dreht das Papier aus der »Erika«. Mit spitzen Fingern zieht er das Kohlepapier zwischen den Bögen hervor und legt es sorgfältig in einem Schubfach ab. Dann sortiert er die Blätter und heftet das Original und die beiden Durchschläge mit Büroklammern zusammen. »So«, sagt er nun zum wiederholten Male, »dann lesen Sie das Protokoll in Ruhe durch. Wenn Sie Änderungswünsche haben, weil ich Sie falsch wiedergegeben habe oder wenn es missverständliche Formulierungen gibt, dann zeigen Sie mir die Stelle. Wenn Sie aber damit einverstanden sind, schreiben Sie bitte an den unteren Rand: gelesen und bestätigt Margit Mechler.« Sein dicker Finger tippt links unten auf den breiten Rand, der auch die Seitennummer enthält. »Auf jeder Seite.«

Die Frau liest sehr aufmerksam und nickt hin und wieder zustimmend. Dann setzt sie den Kugelschreiber an, quittiert das Blatt und schlägt um.

Bräuer mustert sie dabei. Erstaunlich, wie sie das wegsteckt, denkt er nun schon zum wiederholten Male. Ist sie vielleicht gar nicht vergewaltigt worden, hat sie sich das nur ausgedacht? Oder ist sie mit dem Kerl freiwillig in die Kiste, und nun schlägt sie das schlechte Gewissen? Hat sie Angst vor ihrem Mann, wenn rauskommt, dass sie fremd gegangen ist? Und die Kratzspuren, die Hämatome? Außerdem, wenn sie sagt, dass es nicht zum Akt kam, dann muss sie doch kein solches Drama inszenieren? Der Arzt wird ja feststellen, ob es Sperma-Spuren oder Hinweise auf ein Kondom gibt. »Gummi-Fuffzcher«, weil sie pro Stück eine halbe Mark kosten, sind nicht sehr gebräuchlich in der DDR, weil fast jede Frau die Pille auf Rezept, also kostenlos, bekommt, und weil die Kondombeschaffung vergleichsweise aufwendig ist. Meist bestellt man die eingeschweißten Präser der Marke »Mondos feucht« beim Versand H. Kästner in Dresden, der sie »diskret«, wie es in den Anzeigen heißt, an den »Endverbraucher« versendet. Frommser findet man in keiner Kaufhalle oder Drogerie, entweder zieht man sie einzeln im Automaten auf dem Kneipenklo oder bestellt bei Kästner. Das dauert. Vor allem dann, wenn man einen Pariser von jetzt auf gleich benötigt.

Bräuer schüttelt über diesen Gedanken den Kopf. »Fertig?« fragt er nach der letzten Unterschrift, obgleich er sich die Frage selbst beantworten kann. »Alles in Ordnung?«

Margit Mechler bejaht.

Und wieder kommt dieses nervtötende »So«. Er schlage vor, dass sie zu ihrem Gynäkologen gehe und sich untersuchen lasse. Danach käme sie wieder zum VPKA zurück, und er würde dann mit ihr und den

Kriminaltechnikern nach Grünwald fahren. Anders ließe sich das wohl nicht machen, schließlich müssten sie ja in ihr Haus, für das nur sie den Schlüssel habe. Außerdem müsste sie bei der Spurensicherung als Zeugin dabeisein.

Keine zwei Stunden später sind sie auf der Landstraße nach Grünwald.

»Wir müssen kurz an der Krippe halten«, sagt Frau Mechler nach dem Passieren des Ortsschildes. »Ich muss Kristin abholen.«

Das VP-Fahrzeug stoppt vor der Kindereinrichtung. Sofort tauchen Gesichter hinter den Gardinen auf. Ein Polizeiauto aus der Stadt verheißt nichts Gutes. Doch noch ehe das Thema durchgehechelt ist und alle spekulativen Fragen gestellt worden sind, setzt sich das Fahrzeug wieder in Bewegung. Die Mutter auf dem Rücksitz hält ihr verstört wirkendes Kind auf dem Schoß. »Die Erzieherin sagt, sie wäre die ganze Zeit sehr unruhig gewesen und habe auch eingemacht.«

»Ist das nicht normal?« Bräuer ist zu alt, um sich zu erinnern, wie es bei seinen Kindern war. Außerdem hat er sich damals um sie nicht sonderlich gekümmert. Für den Nachwuchs war die Frau zuständig.

»Ich bitte Sie! Kristin war mit einem Jahr sauber. Die kennt schon lange keine Windeln mehr.«

Nach einer Pause sagt sie: »Da vorn rechts.«

Der Fahrer setzt den Blinker, der Wartburg hoppelt über das Kopfsteinpflaster. Staub wirbelt auf und bleibt als Fahne zurück. Seit Wochen hat es nicht geregnet.

»Und nun wieder links. Das dritte Haus auf der rechten Seite ist es.«

»Was heißt das«, fragt Bräuer, der Vater ohne Erinnerung, nach.

»Dass Kristin ein traumatisches Erlebnis verarbeitet. Die Sache gestern Abend hat sie offenkundig stärker mitgenommen als mich.«

»Ein seelischer Schock sozusagen.«

»So kann man es nennen.«

Der Wartburg stoppt vor dem Eingang des Bauernhofes, der Fahrer zieht die Handbremse.

Im Schlafzimmer ist von dem nächtlichen Ereignis nichts zu sehen. Die Betten sind gemacht, der Bronzeleuchter steht wieder an seinem angestammten Platz, auf einem Stuhl liegen Männersachen, eher achtlos hingeworfen als geordnet abgelegt.

»Sind das die Klamotten von Steinhauer?«

Margit Mechler nickt. »Die lagen hinter dem Bett. Ich habe sie aufgehoben.«

Bräuer nickt den Kriminaltechnikern zu. Einer nimmt einen Plastikcontainer und versenkt darin die zurückgelassene Kleidung.

»Ihr nehmt dann die anderen Spuren auf, Fingerprints und das ganze Trallala, macht ein Paar Fotos undsoweiter. Ich fahre jetzt zur MTS und knöpfe mir mal den Steinhauer vor. Wie lange, meint ihr, werdet ihr für die Spurensicherung brauchen?«

»Eine Stunde vielleicht.«

»In Ordnung. Ich bin dann wieder zurück und sammle euch ein.«

Bräuer wendet sich zum Gehen. Bei Verlassen der Wohnung drückt er Frau Mechler die Hand. »Das wird schon«, sagt er zum Abschied. »Wenn die Techniker Fragen haben, gehen Sie ihnen bitte ein wenig zur Hand.«

Die füllige Frau im Türrahmen nickt. Sie will nur noch wissen, wie alles weitergeht.

»Wenn alles ermittelt ist, geben wir die Sache an die Staatsanwaltschaft. Dann wird Klage erhoben, es gibt ein Gerichtsverfahren. Sie werden als Opfer befragt werden, er wird verurteilt. Ich weiß nicht, wie viel er kriegen wird, aber eine Gefängnisstrafe ist mit Sicherheit drin.«

»Und dann?«

Jetzt ist es an Bräuer, die Achseln zu heben.

Wenig später läuft er bereits über den Hof der MTS. Auf dem weitläufigen Areal stehen Kartoffelkombines, Mähdrescher und -binder, Traktoren, ein Barkas und zwei, drei ziemlich ramponierte Trabant-Kübel. Die Fahrt über die Feldwege hat sie sichtlich mitgenommen. Ein Mann in blauer Kombi kreuzt seinen Weg, er würdigt Bräuer keines Blickes.

Eh, ruft der und will auf sich aufmerksam machen, und noch einmal: Eh, wo find ich den Robert Steinhauer? Ohne seine Schritte zu stoppen oder gar den Kopf zu wenden, geht der Daumen über die Schulter. Der Blaumann weist unbestimmt in die Werkstatt. »Da hinten«, kommt es kurz und teilnahmslos aus dem Mund des Mechanikers, der sich belästigt fühlt.

»Danke.« Bräuer kennt die maulfaulen Dörfler. Die sind überall gleich. Jede Verpflichtung, die über das hinausgeht, was unbedingt erledigt werden muss, empfinden sie offenbar als Zumutung. Dabei ist Bräuer nicht klar, ob es sich um eine besonders effektive Form von Ökonomie der Zeit handelt oder nur um schlichte Unhöflichkeit.

Der Hauptmann geht in die ihm gewiesene Richtung. In der offenen Halle riecht es nach Diesel und

Arbeit. Einige Männer hantieren an zerlegten Landmaschinen, deren Verschleiß auf den steinigen Böden der Niederlausitz beachtlich ist. Die Schlosser lassen sich von Bräuer nicht stören, sie nehmen ihn nicht wahr, weil sie auf ihre Arbeit konzentriert sind. Hier zählt jede Minute. Wenn die Ernte läuft, ist Ausfall mit Verlust verbunden. Das Korn muss vom Halm. Wenn's morgen regnet, muss es getrocknet werden. Das kostet zusätzlich Energie fürs Trockengebläse. Denn wenn man das Getreide mit zu hoher Feuchtigkeit einlagert, entsteht Wärme, die es entweder faulen oder sich entzünden lässt. Früher, also in den ersten Jahren der LPG, hat man das Korn auf Dachböden und auf Tennen gelagert und regelmäßig mit großen Aluminiumschaufeln gewendet. Durch diese Bewegung zerstörte man Hitzeherde und durchlüftete das Lagergut. Am unangenehmsten war Gerste. Die Grannen setzten sich auf der verschwitzten Haut der Lagerarbeiter fest und juckten wie die Hölle. Inzwischen gab es Getreidesilos, in die das Korn geblasen wurde, wenn es denn den zulässigen Feuchtigkeitsgehalt aufwies. War der Wasseranteil zu hoch, musste man es zuvor durch ein Trockengebläse jagen. Alles automatisiert. Es kostete zwar keine menschliche Muskelkraft, wohl aber elektrische Energie. Und die war am Ende teurer. Fortschritt hatte eben seinen Preis.

»Ich suche Robert Steinhauer«, sagt Bräuer und klopfte einem der Mechaniker auf die Schulter, der an einem Mähbalken herumschraubt.

»Dort«, sagt der Mann.

Bräuer folgte seinem Blick, kann jedoch niemanden in der gewiesenen Richtung sehen.

»Wo?«

»Na dort, unter dem Traktor.«

»Ah, danke.« Bräuer erhebt sich und geht zur Zugmaschine hinüber. Auf einem Rollbrett liegt ein Mann unter dem Motorblock, von ihm sind nur Beine und Bauch zu sehen. Bräuer tritt leicht gegen den Fuß. »Herr Steinhauer?«

Das Brett setzt sich in Bewegung, ein ölverschmiertes Gesicht kommt unter dem Traktor hervor. Der junge Mann hat ein durchaus freundliches, offenes Gesicht. »Ja?«

»Ich bin von der Kriminalpolizei aus Görlitz. Mein Name ist Bräuer, Hauptmann Bräuer.«

Der junge Mann erhebt sich. »Ja, und? Um was geht's?« Er überragt Bräuer um einen halben Kopf und ist nur halb so dick wie er. Sein Blick ist selbstbewusst und keineswegs verunsichert. »Zeigen Sie doch mal Ihren Dienstausweis.«

Bräuer langt in seine Brusttasche und holt die Klappkarte hervor. Steinhauer schaut nur kurz darauf, ohne das Dokument tatsächlich zu studieren.

»Wollen wir hier reden, oder gehen wir besser vor die Tür?« Bräuer will die Sache unauffällig halten.

»Ich weiß zwar nicht, was Sie von mir wollen. Aber gehen wir nach draußen, da kann ich eine paffen. In der Werkstatt gilt absolutes Rauchverbot.«

Unbeachtet von den anderen verlassen die beiden die Halle. In einem abgelegenen Winkel des Hofes ist eine Raucherecke eingerichtet. Schweigend nehmen sie auf einer alten Bank Platz. Bräuer achtet darauf, wohin er sein Gesäß setzt. Dieselflecken würden sich nur schwer aus der Anzughose entfernen lassen. Präsent 20 ist zwar pflegeleicht, aber bei solchen Marken hätte seine Frau gewiss Probleme.

Steinhauer hält ihm die Schachtel F 6 vor die Nase. Bräuer winkt ab und empfängt einen geringschätzigen Blick. Der sagt so viel wie: Wer sich aus der Gemeinschaft der Raucher stiehlt, ist ein armer Mensch und nicht mehr zu retten. Bräuer kennt solche Blicke zur Genüge und weiß sie zu deuten.

»Wo waren Sie gestern Abend?«

»Zu Hause.« Die Antwort kommt ohne jede innere Anteilnahme oder gar Erregung.

»Die ganze Zeit?«

»Ja.« Steinhauer zieht gelassen an seiner Zigarette.

»Bestimmt?«

»Ganz sicher. Ich habe ferngesehen, noch ein Bier getrunken und bin dann ins Bett.«

»Dafür gibt es Zeugen?«

»Meine Mutter.«

»Sie haben mit ihr vorm Fernseher gesessen?«

»Nein, sie war in der Küche.« Steinhauer nimmt einen tiefen Zug. »Was soll diese Fragerei? Ich verstehe das nicht. Kann ich jetzt gehen?«

Nein, kommt es scharf. »Kennen Sie Margit Mechler?« Zum ersten Mal bemerkt Bräuer eine Verunsicherung. Die Bewegung mit der Zigarette zum Mund stoppt einen Wimpernschlag lang. Es folgt ein gedehntes »Ja«. Bräuer weiß, dass er einen Treffer gelandet hat.

»Woher?«

»So groß ist Grünwald nicht. Da kennt jeder jeden.«

»Hatten Sie mal etwas mit ihr?«

»Ph«, macht Steinhauer, wirft die Kippe zu Boden und tritt sie mit dem Schuh aus. Er dreht den Fuß ungewöhnlich lang, als müsse er die Reste der Kippe gleichsam atomisieren.

»Was heißt ›Ph‹? Heißt das ja, oder heißt das nein?«

»Nein«, kommt es trotzig zurück. »Haben Sie die dicke Planschkuh schon mal gesehn?«

Bräuer lässt die Frage unbeantwortet. »Ich stelle hier die Fragen. Also noch mal: Sie bestreiten definitiv, jemals etwas mit Frau Mechler gehabt zu haben?«

Steinhauer nickt erkennbar pampig.

»Was haben Sie dann gestern Abend in ihrer Wohnung gewollt?«

Der Schlosser schweigt.

»Können Sie sich nicht mehr erinnern? Soll ich nachhelfen?«

Keine Antwort.

»Herr Steinhauer«, Bräuer unternimmt einen dritten Anlauf, »können Sie sich erklären, wie Ihre Kleidung in das Schlafzimmer von Frau Mechler kam?«

Nun bricht es aus Steinhauer heraus. Die Worte schießen wie Asche aus einem Vulkan und legen sich als dunkle Wolke auf die Raucherinsel.

»Die dumme Kuh. Erst macht sie mich an, und dann schmeißt sie mich raus. Diese blöde Votze ist doch wie alle anderen und kein Deut besser.«

»Sachte, sachte«, sagt Bräuer. »Soll ich das so verstehen, dass Sie gestern doch in der Wohnung von Frau Mechler waren.«

»Ja.«

»Hatte sie Sie eingeladen oder irgendwelche Versprechungen gemacht?«

»Nein.«

»Warum meinten Sie dann, dass Sie von ihr ›angemacht‹ worden seien?«

Steinhauer greift erneut zur Zigarettenschachtel. »Ich habe ihr mal den Trabi repariert. Dann haben wir in der Küche Kaffee getrunken und geplaudert. Sie hat dort gebarmt, dass sie die Woche über immer allein sei, weil ihr Mann Arne auf Montage in Berlin wäre und solches Zeug.«

»Und das haben Sie als Aufforderung verstanden, ihn zu ersetzen?« Bräuer schüttelt den Kopf. »Das also war die vermeintliche Anmache?«

»Das war doch wohl eindeutig. Oder?«

»Oft haben sie es wohl noch nicht mit Frauen zu tun gehabt?«

Steinhauer schweigt wieder. Bräuer legt nach. »Angenommen, Ihnen sind jene Avancen gemacht worden, die Sie behaupten. Finden Sie es dann nicht trotzdem etwas unüblich, dass Sie sich unbemerkt nackt in das Ehebett legen?«

»Ich wollte sie eben überraschen.«

»Hm«, grunzt Bräuer, »und als sich die Überraschung bei Frau Mechler gelegt und ihre Ablehnung eindeutig war, haben Sie sie – ich formuliere es vorsichtig – ein wenig bedrängt.«

»Die wollte mich doch nur scharf machen. Ich liebe es, wenn sich eine Frau wehrt.« Steinhauer grinst.

»Frau Mechler hat Sie so ›scharf‹ gemacht, dass Sie gleich nackt aus dem Haus gerannt sind. Herr Steinhauer, das können Sie Ihrer Großmutter erzählen, so sie eine haben, aber nicht mir. Und schon gar nicht dem Richter.«

»Was für ein Richter?« Zum ersten Mal schleicht sich Verunsicherung in Steinhauers ölverschmiertes Gesicht.

»Herr Steinhauer, ich nehme Sie fest wegen Einbruch, Körperverletzung und versuchter Vergewaltigung. Sie werden mich jetzt nach Görlitz begleiten.«

Robert Steinhauer wird zu einer anderthalbjährigen Haftstrafe verurteilt. Er soll die achtzehn Monate in Bautzen verbüßen, doch ihm kommt der 38. Geburtstag der DDR zu Hilfe. Aus diesem Anlass werden zum 31. Dezember 1987 alle Inhaftierten, Mörder und andere schwere Jungs ausgenommen, aus der Haft entlassen. Die Amnestie ist die Begleitmusik zur Staatsvisite Erich Honeckers in der Bundesrepublik. Damit räumt die DDR bereits im Vorfeld des Besuches unangenehme Fragen aus dem Weg.

Andererseits sind im Land Arbeitskräfte knapp. So werden denn mit einem Federstrich 24.621 Menschen dem Arbeitsmarkt zugeführt. Unter ihnen ist auch Robert Steinhauer. Er beginnt wieder auf der MTS zu arbeiten. Allerdings halten es seine Vorgesetzten für angezeigt, ihn nicht in G., sondern in einer Außenstelle in einem anderen Dorf einzusetzen. Dafür gibt es mehrere naheliegende Gründe, aber ganz gewiss nicht jenen, den Steinhauer für den ausschlaggebenden hält. Dort verdient er nämlich weniger, das Zubrot ist geringer.

Sein Unmut wächst mit jeder Lohntüte. Er fühlt sich gegängelt, bevormundet und kontrolliert. Damit hat er nicht Unrecht. Der ABV ist gehalten, ein Auge auf den amnestierten Straftäter zu werfen, was nicht unüblich ist. Bei einem Rückfall zöge er sofort wieder ein, seine Entlassung ist eine auf Bewährung.

Der Polizist und die meisten in der Gemeinde hoffen, dass sie die NVA von ihrem Problem befreie, doch die Verantwortlichen in der Volksarmee verspüren erkennbar wenig Neigung, einen verurteilten Straftäter zu bewaffnen. Aus dem Fall Weinhold hat man Lehren gezogen. Weinhold, ein verurteilter Krimineller, war zum Wehrdienst einberufen worden. Er hatte Ende 1975 in seiner Einheit in Spremberg – das unweit von Görlitz liegt – Waffen und Munition gestohlen, sich bis nach Thüringen durchgeschlagen und zwei Grenzsoldaten hinterrücks erschossen, um in den Westen zu flüchten. Diese Mordtat hatte eine interne Diskussion entfacht, ob man bei verurteilten Verbrechern eine Güterabwägung vornehmen solle: gesetzliche Wehrpflicht versus legitime Sicherheitsinteressen. Wofür man sich entschieden hatte, wurde im Fall Robert Steinhauer sichtbar. Mit 22 hatte im Dorf bereits jeder junge Mann seinen Wehrdienst absolviert. Er hingegen nicht. Man ließ ihn warten. Die NVA will ihn nicht.

Viele seiner Schulkameraden sind im Laufe der Jahre verzogen oder in die Kreisstadt gegangen. Nur wenige haben den Hof der Eltern übernommen oder sich ein eigenes Haus gebaut. Die Landflucht hat auch die Niederlausitz erreicht. Die jungen Leute ziehen das bequeme Leben in der Stadt vor, die kurzen Wege lassen mehr freie Zeit übrig als das eher aufwendige Dasein auf dem Dorf. Ruhe und Natur stellen eher nachgeordnete Werte dar.

Steinhauer wohnt noch immer bei seiner Mutter. Sie wird zwar nicht von den Nachbarn geschnitten, aber sie spürt durchaus, dass ein Teil der Verachtung, die ihrem Sohn gilt, auch auf sie fällt. Der Kummer hat sie rascher altern lassen, als es sonst der Fall gewesen wäre. Robert Steinhauer hat sich gegen die Dorfgemeinschaft versündigt, wie es hier heißt, er hat die ungeschriebenen und auch die gedruckten Regeln und Gesetze gebrochen. Das tut man einfach nicht. Das hat nichts mit Politik zu tun, denn derlei Unbotmäßigkeit findet in keinem System Zustimmung.

Steinhauers Mutter fordert nicht von ihrem Sohn, sich vom Acker zu machen, zu heiraten und eine Familie zu gründen. Doch er spürt, dass dies ihr größter Wunsch ist, und auch ihm ist die Vorstellung nicht ganz fremd. Er steht im Saft, doch der Gelegenheiten sind wenige, dass er mal was vor seine geladene Flinte bekommt. Er fährt am Wochenende über die Dörfer und schleppt dort bisweilen so einen Bauerntrampel ab, den er zuvor mit reichlich Alkohol gefügig gemacht hat. Draußen legt er ihn dann in irgendeinem Gebüsch oder einer Scheune flach, keuchend rammt er seinen Sporn in den trunkenen Fleischberg, bis es ihm kommt. Dann aber ist der geile Spaß auch schon vorüber und die weitere Lust verflogen. Auf die stets gestellte Frage »Sehen wir uns wieder?« reagiert er immer mit der gleichen Lüge: »Selbstverständlich, nächsten Samstag bin ich wieder da.«

Und dann läuft ihm eines Tages diese Marlen aus der Schule vor seinen Motorroller. Vergessen sind die Schläge des Großvaters auf die Waden angesichts des Sonnenscheins, der plötzlich in sein Herz flutet. Mein Gott, ist die hübsch geworden, durchzuckt es ihn, wie ist das denn möglich?

Ganz unbefangen berichtet die 19-Jährige, dass sie nur noch besuchsweise nach Hause käme, sie wohne im Internat der Penne in Görlitz und bereite sich auf die Abiturprüfungen vor.

»Und dann?« Steinhauers Interesse ist keineswegs geheuchelt.

»Werde ich studieren.«

»Was?«

»Ökonomie in Berlin-Karlshorst.« Offenkundig weiß Marlen, was sie aus ihrem Leben machen wird.

Zielstrebig steuert sie von Ziel zu Ziel. Sie ist erkennbar aus anderem Holz als Robert Steinhauer. »Und du? Was treibst du so.«

»Ooch, ich arbeitete auf der MTS. Wie gehabt.«

»Du sollst im Knast gewesen sein, erzählen die Leute«. Marlen wirkt unbefangen, sie hat, scheint es, damit keine Probleme.

Steinhauer schweigt. Dann räuspert er sich. »Ich habe nichts gemacht. Die Mechler hat mich angeschissen. Da war nichts.«

»Für Nichts gibt es nicht anderthalb Jahre.« Die angehende Abiturientin ist über den Dorffunk besser informiert als sie vorgibt. Woher sonst sollte sie das Urteil kennen? In der Zeitung hat es nicht gestanden.

»Nein, wirklich«, bekräftigt Steinhauer und beugt sich über den Lenker seines Motorrollers, »das ist üble Nachrede. Ich habe sie nicht vergewaltigt.«

»Ich weiß. Du hast es nur versucht. Wie du damals nur aus Spaß in der Umkleidekabine versucht hast, dass ich mich vor dir ausziehe.«

Steinhauer richtet sich abrupt auf. »Das ist doch vergossene Milch. Darüber müssen wir uns doch nicht streiten.«

»Ich will mich doch nicht mit dir streiten, Robert. Ich will damit nur andeuten, dass es nicht nur deine Wahrheit gibt. Langsam solltest du erwachsen werden.« Sie dreht sich auf dem Absatz um, dass ihr blonder Pferdeschwanz herumfliegt. »Tschüß dann.«

»Sehen wir uns?«

»Warum?« fragt sie über die Schulter zurück.

»Ach, nur so«, sagt Steinhauer und tritt auf den Kickstarter. »Man könnte ja mal ein Bier miteinander trinken.«

»Ich trinke kein Bier«, lacht Marlen.

Schon wenige Wochen später findet im Dorfkrug der alltägliche Tanz in den Mai statt. Am Vorabend war der Maibaum auf dem Dorfanger aufgerichtet worden. Gemeinsam wuchteten die jungen Männer des Ortes den Stamm, an dessen Spitze sich die mit bunten Bändern geschmückte Birke befand, in die Höhe. Der laue Frühlingswind fuhr ins Geäst und ließ die Bänder flattern. Danach entzündete die Feuerwehr den seit Tagen aufgeschichteten Holzstoß. Das traditionelle Maifeuer leitete die Walpurgisnacht ein. Der Wirt machte guten Umsatz, das Bier floss reichlich, und alle hatten ihren Spaß.

Nach durchzechter Nacht findet man sich mit schwerem Schädel zum Frühschoppen ein. Der Maiumzug, wie noch in den 60er, 70er Jahren üblich, fällt schon seit Jahren aus. Irgendwann fand man es albern, an der Dorfobrigkeit vorbeizumarschieren, die auf einem geschmückten Anhänger Aufstellung genommen hatte, wie man es von Berlin kannte. Der Bürgermeister und seine Sekretärin standen dort oben, die Parteisekretäre der LPG, der MTS und der Schule, auch ein aus Görlitz entsandter Vertreter der SED-Kreisleitung, der die enge Verbindung von Stadt und Land, von Arbeiterklasse und der Klasse der Genossenschaftsbauer in einer kurzen Ansprache würdigte, die Betriebsleiter der landwirtschaftlichen Produktions- und der Gärtnereigenossenschaft, der ABV mit Uniform und großer Ordensschnalle, die Direktorin der Schule und der Chef der Freiwilligen Feuerwehr, deren Spielmannszug neben der »Tribüne« Aufstellung genommen hatte und die einschlägigen Arbeiterlieder auf ihren Querpfeifen intonierte. Auf, auf zum Kampf, zum Kampf, zum Kampf sind wir geboren … Die Kinder paradierten dazu vorbei und reckten ihre Maiskolben aus Pappe in die Höhe, die sie im Kindergarten und in der Schule gebastelt und gemalt hatten. Der Mais, der Mais, wie jeder weiß, das ist die Wurst am Stängel, skandierten sie rhythmisch. Und Flora und Jolante, die populären Schweine- und Rinderfiguren, tanzten über den Kinderköpfen. Die winkenden Repräsentanten des Dorfes erheiterte der Vorbeimarsch sichtlich. Sie zeigten sich gegenseitig ihre Kinder oder ein besonders lustig geratenes Transparent. Keine Viertelstunde, und alles war vorüber. Die Obrigkeit stieg über eine Hühnerleiter wieder zurück auf den Boden der Tatsachen, der Spielmannszug packte seine Querpfeifen ein und die Kinder trugen ihre Plakate nach Hause. Danach fanden sich alle im Dorfkrug ein, es wurde gegrillt und gesoffen, was das Zeug hielt. Und abends gab es Tanz.

Nunmehr spart man sich den Maiumzug. Das andere aber ist geblieben. Bewährte Traditionen werden nicht einfach abgeschafft.

Am Abend auch dieses 1. Mai 1988 drehen sich im Saal des Dorfkruges die Paare, dass das Parkett knackt. Der XI. Parteitag der SED liegt zwar schon zwei Jahre zurück, doch in markigen Lettern auf rotem Grund wird von der Bühne gefordert, die Beschlüsse des selben zur weiteren Verwirklichung der Politik der Hauptaufgabe umzusetzen. Unter dem Transparent müht sich wacker eine Rockband aus Amateuren, die hier Combo heißt. Der Lärm, den die fünf Jungs machen, ist dank der Verstärker aus dem Westen gigantisch. Man versteht weder sein eigenes Wort noch die Melodie, aber das macht nichts. Hauptsache laut, und das Bier fließt in Strömen. Robert Steinhauer lehnt an der Theke und hält ein Bierglas in der Hand. Es ist sein siebtes oder achtes. Und soviel Korn hat er wohl auch schon weg. Sein Blick ist starr auf die Tanzfläche gerichtet. In dem Gewusel ist mitunter ein blonder Pferdeschwanz zu erkennen. Und dicht daneben eine feldgraue Uniform. Wie er inzwischen weiß: Es ist der Freund von Marlen, der bei der Fahne und auf Urlaub gekommen ist.

»Noch mal das selbe«, brüllt er hinüber zum Wirt.

Er ist dabei, sich Mut anzusaufen. Wofür? Will er dem Kerl eine Tracht Prügel anbieten, weil der seinen Spaß mit Marlen hat? Was bringt das? Seit jener zufälligen Begegnung im ausklingenden Winter auf der Dorfstraße lodert das Verlangen in ihm. Steinhauer hat sich in diesen Blondschopf verguckt.

Sein Nachbar, ein Kollege aus der MTS, registriert Steinhauers schmachtenden Blick. »Lass mal gut sein«, schlägt er ihm trunken auf die Schulter. »Die ist vergeben. Und außerdem spielt die längst in einer anderen Liga. Das wird mal eine Studierte. Denkste, dass die sich dann noch für uns Dorfheinis interessiert?«

Steinhauer schüttelt die lästige Hand von der Schulter. »Halt's Maul«, sagt er nur und nimmt einen kräftigen Schluck.

Unbeeindruckt salbadert der Nachbar weiter. »Die schaut uns nicht mal mehr mit ihrem hübschen Arsch an, sage ich dir. Hast du übrigens gesehen, was die in ihrem Kleid für einen tollen Arsch hat. Wie aus Backstein gemauert. Fest und in der Form. Meine Fresse, darauf würde ich auch mal gern meine Hände wärmen, wa.«

Er haut Steinhauer auf den Arm, dass das Bier aus dem Glas schwappt.

»Pass doch auf, du Idiot«, brüllt Steinhauer, der die Flüssigkeit von seinem Hosenbein zu wischen versucht. Doch das Bier ist schon längst in der Jeans versickert und hinterlässt einen dunklen Fleck. Wütend kippt sich Steinhauer die Neige in den Mund.

»Und nicht nur dieser Knackarsch«, schwärmt der besoffene Nachbar ungestört weiter. »Diese Titten. Ein Gedicht.« Er verdreht die Augen und die rechte Hand. In der Linken hält er das Glas. Die Finger der Rechten sind leicht gekrümmt, als krallten sie sich um die Brust der aus der Ferne Angehimmelten.

»Ich sag's nicht noch einmal: Halt die Fresse«, brüllt Steinhauer in den Lärm. Er nimmt das Geschwafel des Nebenmanns für eine Provokation, als wolle der ihn locken. Aber er wird sich nicht provozieren lassen, denn so betrunken ist Steinhauer noch nicht, dass ihm der ABV entgangen wäre, der mit ungetrübtem Blick durch die Reihen schlendert. Haute er dem Nachbarn eins auf die Glocke, wozu er große Lust verspürt, dann würde er schon am nächsten Tag wieder einrücken. Einmal gesiebte Luft atmen reichte ihm, das hatte er sich in Bautzen geschworen. Nie wieder würde er sich einsperren lassen. Nie.

Er stellt das leere Glas ab und tippt sich zum Abschied an die Stirn. Der Wirt hat verstanden. Er legt den Bierdeckel mit den Strichen hinter sich ins Regal. In den nächsten Tagen wird er bei jedem die Zeche eintreiben. Ihm entgeht keiner. Nur die Fremden werden abkassiert, und das nach Möglichkeit, bevor sie sich draußen blutige Nasen holen. Er kennt keinen 1. Mai, bei dem nicht die Fetzen geflogen wären. Die Platzhirsche verteidigten ihr Revier gegen Eindringlinge, an die sie ihre Freundinnen glaubten zu verlieren. Das war und ist überall so. In der Regel bringen der ABV und ein paar beherzte Männer die Streithähne auseinander. Anschließend versammeln sie sich vor seinem Tresen und bechern gemeinsam bis zum Abwinken. The same pocedure as every year.

So ist es auch an diesem Tag. Doch Steinhauer liegt zu dieser Stunde bereits in seinem Bett und schnarcht.

Zeit geht ins kleine Land, es ist Sommer. Der Bürgermeister ruft zum Dorffest. Bevor die Mähdrescher in die Ernteschlacht starten, soll die Gemeinde noch einmal ausgelassen sein. Der Anger ist geschmückt, entlang der Dorfstraße schwingen sich die Wimpelketten und im Sommerwind flattern die Fahnen. Im Büro des Dorfschulzen sitzt Marlen. Ihre Mutter ist die linke und die rechte Hand des Bürgermeisters, weshalb er ein Auge zudrückt, wenn der Dienstapparat für private Telefonate genutzt wird. Marlens Freund, der Vaterlandsverteidiger, ruft hier zu einer vereinbarten Zeit an, denn Telefonanschlüsse sind rar im Dorf und die Möglichkeiten der Kommunikation per Draht sehr eingeschränkt. Nun hockt und lauert Marlen an diesem Samstag im Büro des Bürgermeisters, dass das Telefon läute und ihr Liebster sage, dass der Kurzurlaub bewilligt und er bereits nach Grünwald unterwegs sei. Mit jeder Minute, die das Telefon schweigt, schwindet die Hoffnung, dass er kommt.

Dann aber klingelt es, und Marlens Mutter langt nach dem grauen Hörer. »Rat der Gemeinde Grünwald«, spricht sie in die Muschel. Sie lächelt und reicht den Hörer an der langen Leitung ihrer Tochter.

»Hallo, ich bin's«, haucht sie. Sie lauscht und nickt und sagt: »Verstehe.« Es folgt ein wenig Süßholz, das an beiden Enden der Leitung geraspelt wird. Dann legt sie auf.

»Kein Urlaub?« Die Mutter weiß den Blick der verliebten Tochter zu deuten.

Marlen nickt. »Er kann nicht. Sie geben ihm erst nächste Woche frei, aber dann VKU.«

»Na, das ist doch wunderbar«, sagt die Mutter, die mit dem NVA-Vokabular inzwischen vertraut ist. VKU heißt »verlängerter Kurzurlaub« und bedeutet, dass dem Wochenende noch ein freier Freitag vorgeschaltet wird, der vom Jahresurlaub abgeht. So kann der Soldat bereits am Donnerstagabend die Kaserne Richtung Heimat verlassen und ist, je nach Entfernung vom Heimatort, bereits am nächsten Morgen zu Hause. Freitag, Sonnabend und Sonntag – drei Tage im privaten Paradies. In der Nacht zum Sonntag muss man aufbrechen, so dass man bei Dienstbeginn am Montag 8 Uhr im Objekt ist.

Sicherlich ließe sich noch Zeit gewinnen, wenn man mit einem privaten Fahrzeug pendelt, doch es ist untersagt, vor der Kaserne ein Motorrad oder einen Pkw abzustellen. Außerdem: Warum soll man Geld für Sprit ausgeben – 1,50 Mark pro Liter –, wenn man die Militärfahrkarte gratis vom Spieß bekommt. An- und Abreise zum und vom Urlaubsort bezahlt Vater Staat, die 90 Mark Sold bei Wehrdienstleistenden bleiben als Taschengeld erhalten.

Also Fehlanzeige heute, dafür drei Tage Gemeinsamkeit am nächsten Wochenende. Das ist ein starker Trost und eine erbauliche Aussicht. Marlens Schmerz hält sich also in durchaus überschaubaren Grenzen.

»Und, was machst du nun?« Die Frage der Mutter ist nur rhetorischer Natur, sie kennt Marlen. Natürlich wird sie mit ihren Freundinnen zum Tanz gehen. Sie ist lebenslustig wie sie selbst einmal es war, ehe sie in der staubigen Büroluft und unter der Last des Ehejochs alterte. Manchmal wünschte sie sich, zwanzig Jahre jünger zu sein und so zu leben wie ihre Tochter. Tempi passati, die Zeit ist vorüber und kehrt nicht wieder.

»Und du denkst an die Spritze!«

»Aber Mutti!« Die Erinnerung an die Insulingabe ist nun wirklich überflüssig. Seit Jahren geht Marlen mit ihrer Diabetes um, nie gab es Unregelmäßigkeiten oder Unterzuckerung. Marlen hat es gelernt, mit dieser Krankheit zu leben, die sie bereits im Kindesalter ereilte. Die Ärzte hatten gehofft, dass sich in der Pubertät, bei der Hormonumstellung des Körpers, die Sache von allein erledigen könnte, doch sie hatten sich getäuscht. Ihre und die Hoffnung von Marlen erfüllten sich nicht. So jagte sie sich denn seit Jahren in den notwendigen Abständen die Kanüle in den Bauch und hielt sich bei der Ernährung streng an die Vorschriften. Marlen erträgt diese mit allen Konsequenzen, auch jener, dass sie ihr Spritzbesteck sterilisieren muss, und dass sich die Kanülen rasch abnutzen, weil sie aus billigem Material sind. Einwegspritzen gibt es nicht, was eigentlich nahe liegt, doch dazu fehlten hierzulande die Mittel. Sie hat von solchen Injektionen im Westen gehört und auch Diabetiker aus der DDR schwärmen hören, die sich bei Verwandtenbesuchen in der Bundesrepublik damit versorgt hatten. Es entfiel nicht nur das ganze Prozedere des Auskochens und der Vorbereitung der Insulingabe. Vor allem waren die Kanülen aus einem anderen, besseren Material, dass man den Einstich kaum spürte. Mit einem Wort:

Sogar die Wegwerfspritzen waren qualitativ besser als das DDR-Dauermaterial, was nur jene Menschen bemerkten, die darauf angewiesen waren. Das sind nicht wenige, aber wiederum auch nicht so viele, dass dies Konsequenzen in der Volkswirtschaft gehabt hätte.

Fürs »Aufbrezeln« braucht Marlen einige Zeit. In ihrem Zimmer daheim hockt sie vor dem Spiegel. Die Augenbrauen werden sorgfältig gezupft, mit der Pinzette reißt sie jedes einzelne Haar aus, was durchaus schmerzhaft ist. Hier beweist sich der alte Grundsatz: Wer schön sein will, muss leiden. Sie versucht dem Haarstreifen über den Augen eine schwungvolle Note zu geben, am Ende soll die Braue spitz auslaufen. Dann arbeitet sie mit der Schere nach. Und zum Schluss setzt sie den Stift an, der dem Untergrund eine kräftige Note geben soll. Dann macht sie sich an den Lidschatten. Dunkel-mondän und ein wenig verrucht oder besser blau wie der Sommerhimmel? Ist ja kein Operball, sagt sie sich, sondern ein Dorffest. Also besser alltagtaugliches, bodenständiges Make-up und nichts Überdrehtes. Sie weiß, dass ihr ohnehin die größte Aufmerksamkeit geschenkt werden wird. Sowohl von den gleichaltrigen Geschlechtsgenossinnen als auch vom übrigen Teil des Dorfes. Sie gilt zwar als eine von ihnen, doch seit sie in Görlitz im Internat lebt, ist sie auch eine »aus der Stadt«. Die werden besonders beäugt. Was trägt man dort, wie kleidet man sich, was gilt als chic? Obgleich Görlitz Teil der abgeschiedenen Provinz ist, Stadt am letzten Zipfel der Republik und im Tal der Ahnungslosen gelegen, so geheißen, weil dort kein Westfernsehen empfangen werden kann, nimmt man den geteilten Ort an der Neiße in der ländlichen Umgebung ganz anders wahr.

Es ist eben alles eine Frage der Perspektive und gleicht dem Vorgang, der erklärt, weshalb Funktionäre, die das Land noch nie verlassen und mal von draußen betrachtet haben, von der »größten DDR der Welt« sprechen. Zwar mit ironischer Brechung, aber doch in der festen Überzeugung, dass es so sei. Nun mag es vielleicht zutreffen, dass diese DDR vieles ihren sozialistischen Brüdern und etliches auch den kapitalistischen Nachbarn voraus hat, aber man sollte durchaus auf dem Teppich bleiben. Die zehntgrößte Industrienation, wie es gelegentlich stolz im *Neuen Deutschland* heißt, sind wir nicht. Dazu ist die DDR zu klein.

Nachdem die Augenlider ihren Schatten erhalten haben, tuscht Marlen die Wimpern. Schmatzend fährt die Wimpernrolle in das Röhrchen mit der schwarzen Farbe und nimmt die Pigmente auf. Sie kleben die langen Wimpern ein wenig zusammen, was nicht unbedingt schön aussieht. Aber als Umrandung zur Betonung der Augen macht es sich gut. Und noch einmal muss der dunkle Stift ran, mit dem das untere Augenlid von innen nachgezeichnet wird. So.

Marlen durchforstet die Lippenstifte und langt nach einigem Zögern zu einem kräftig dunklen. Sie führt ihn zum Mund, lässt ihn von links nach rechts und von rechts nach links gleiten, erst Unterlippe, dann Oberlippe. Dann rollt sie die vollen Lippen gegeneinander. Fertig. Mit dem Nagel des kleinen Fingers kratzt sie ein wenig die überschüssige Farbmasse weg. Irgendwann sollte sie sich auch einen Pinsel besorgen, damit sie in einem anderen Farbton die Konturen nachzeichnen kann, denkt sie. Marlen hat das mal in irgendeiner westlichen Modezeitschrift gesehen und fand das ganz toll.

Warum macht sie das? Nur für mich, würde sie behaupten, damit ich mich wohl fühle und mit mir im Reinen bin. Das trägt zu meiner inneren Balance bei und hebt das Selbstwertgefühl.

Das mag gewiss zutreffen, doch würde sie es auch tun, wenn sie allein auf einer Insel lebte und von niemandem beachtet werden würde? Zweifel sind berechtigt. Die modische Maskerade zielt auch auf Publikum, was bei diesem den Verdacht nährt, die Frauen hübschten sich ausschließlich zu diesem Zweck auf. Die vermeintliche Verführung provozierte mitunter falsche Schlüsse. ›Die hat den Minirock doch ausschließlich zur Anmache angezogen‹, sagt der, der dies als Einladung verstand und es nicht versteht, wenn es eine Ausladung, also einen Korb, gibt.

Ein Teil der Kosmetika verschwindet in der Handtasche, das ist die Hilfe für den Notfall auf dem Damenklo, dazu das Spritzbesteck. Sie zögert. Soll sie vorher …? Ach was, sie wird mal zwischendurch sich »die Nase pudern«, wie der Gang zur Toilette in der Pause dezent umschrieben wird. Ein kurzer Blick auf die Uhr, o Gott, schon so spät?

Die Freundinnen sind schon in bester Stimmung, als Marlen vorm Dorfkrug eintrifft. Sie haben schon mal »vorgeglüht«, wie sie sagen, also einen geschnasselt, bevor sie sich auf den Weg zum Tanzsaal machen. Das hilft sparen. Der Pfefferminzlikör in der Kneipe ist teurer als der Pfeffi daheim.

Marlen wird mit lautem Hallo begrüßt und aufmerksam aus den Augenwinkeln gemustert. Sie tut so, als merke sie die neugierigen Blicke nicht. Für eben solche Momente hat sie stundenlang vor dem Spiegel gesessen und sich Dutzende Blusen vorm Spiegel vor

Dorffestspiele in der Gemeinde G

Sonnenschein krönte zahlreiche Veranstaltungen der Dorffestspiele vom 29. bis 31. Juli, zu denen die öffentliche Gemeindevertretersitzung am Freitag den Auftakt gab. Mit Diskothek, Lampion- und Fackelumzug sowie Bierprobe klang der erste Abend aus. Für den Sonnabendvormittag hatten der Dorfklub und viele fleißige Helfer u. a. ein schönes Kinderfest vorbereitet.

Großen Anklang fanden am Sonntag das Skatturnier in der Jagdhütte, die Puppenbühne „Firlefanz" im Haus der Bauern sowie der Frühschoppen. Ein Programm der Konzert- und Gastspieldirektion erfreute die Besucher am Nachmittag. Die VdgB, PGH „Bekleidungskultur" und der Konsum waren mit Verkaufsständen vertreten. Im Namen des Dorfklubs und des Rates der Gemeinde wird allen Helfern Dank gesagt.

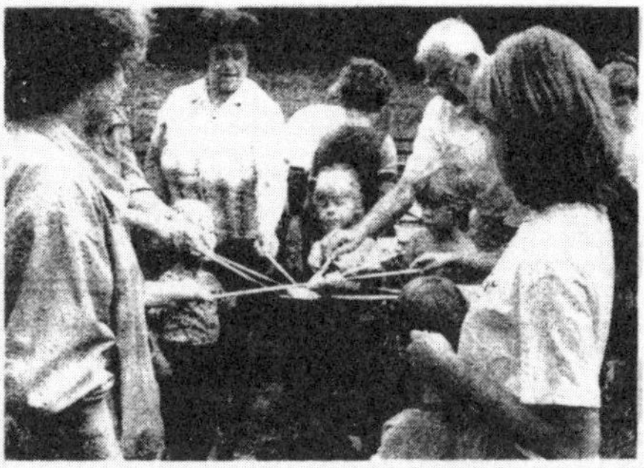

Viel Spaß hatten die kleinen und großen Gäste der G. Festtage beim Grillen der von Elvira Lobedann vorbereiteten Knüppelkuchen. Foto: SZ/Gotthardt

Ende Juli 1988: Dorffestspiele in der Gemeinde Grünwald, die Sächsische Zeitung *berichtet*

die Brust gehalten. Sie hat in der Schatulle gewühlt und probiert, welcher Modeschmuck zum roten Kleid und zum Make-up passt. Die Bewunderung der anderen entschädigt sie reichlich für diese Mühen.

»Setz dich hin«, wird sie aufgefordert. »Sollen wir dir was vom Spanferkel holen, welches der Bürgermeister schon seit Stunden über der Holzkohlenglut dreht? Schmeckt wirklich lecker. Sehr knusprig.«

Marlen winkt dankend ab. »Ihr wisst doch …«

Nein, nicht alle wissen, dass sie nicht wegen ihrer Figur auf Diät achtet, sondern aus anderen Gründen. Und Alkohol muss sie auch meiden. Ach so.

Die Mädchen stecken die Köpfe zusammen und beginnen zu tuscheln. Das übliche Programm. Breiten Raum nehmen die Männer ein, das Angebot wird durchgehechelt wie auf dem Pferdemarkt. Ja, der dort könnte mir gefallen, nee, der daneben ist nicht mein Typ. Und schau mal, der mit dieser breiten Schnalle an seiner Jeans, die ist garantiert aus Polen. Die Zahl der jungen Männer, die auf den umstehenden Bänken herumhocken, scheint die der Frauen zu übersteigen.

Vor sich auf den Tischen haben sie die Biergläser zu stehen, Pappteller mit Scheiben vom Spanferkel dazwischen. Man trinkt und isst und tut so, als würde man die Frauen nicht sehen, allein deretwegen sie gekommen sind. Da steht man drüber und quatscht über Motorräder und Autos, die Fußballoberliga und den letzten Action-Movie aus Übersee, den man im Kino gesehen hat. Über Frauen spricht man nicht. Dazu ist der Tag zu jung und der Alkoholpegel noch zu niedrig. Das wird sich zwar im Laufe des Abends legen, aber augenblicklich sind »Weiber« und das, was man mit ihnen anzustellen hofft, noch kein Thema.

Drinnen im Saal stimmt die Band hörbar ihre Instrumente. Dumpfe Basstöne rollen durch Fenster und Türen hinaus auf den Festplatz. Der Drummer hämmert aufs Becken, es scheppert kurz. Dazu ein rhythmisches Wummern auf die Pauke. Rumms, rumms. Dazwischen drängen ein paar Riffs von der Melodiegitarre. Man hört Regieanweisungen, dann setzt dieses asynchrone Geschrammel wieder ein.

Die Mädchen um Marlen beginnen bereits unruhig auf ihren Hintern hin und her zu rutschen. Wann endlich geht es drinnen los, sehnsüchtig wird auf die Uhr geschaut. Naja, das dauert noch eine Weile, ehe der Tanz offiziell eröffnet wird.

Die Kinder kreischen ums Feuerwehrauto, die Kameraden der FFW sind wie immer präsent, um Nachwuchs zu rekrutieren. Werbeveranstaltungen haben sie eigentlich nicht nötig, denn im Dorf gehört es zur Normalität wie einst Kindstaufe, Konfirmation und kirchliche Beerdigung, dass man sich mit 18 der Freiwilligen Feuerwehr anschließt. Es ist die Verpflichtung gegenüber der Gemeinschaft, sich dem

Hilfskommando zuzugesellen. Bei jedem kann mal die Scheune brennen oder der Blitz einschlagen. Auf dem Spitzgiebel der Kneipe ist die Sirene, die jeden Mittwoch 13 Uhr zur Probe betätigt wird. Dahinter ist das Spritzenhaus mit dem Turm daneben, in welchem die C- und B-Schläuche zum Trocknen in die Höhe gezogen werden. Das A-Rohr ist das Saugrohr, welches in den Dorfteich gehängt wird. Die Zahl der Hydranten im Dorf ist gering. Und bei den Feldscheunen draußen gibt es natürlich keine. So pumpt man sich den Tank mit Spritzwasser voll und donnert damit im Ernstfall zum Brandort. Gottlob mussten sie in den letzten Jahren kaum ausrücken. Die Zahl der Übungen betrug ein Mehrfaches.

Die andere Institution der Gemeinde ist der Herr Pfarrer. Staat und Kirche sind zwar getrennt, doch ohne die Zustimmung des Geistlichen passiert nichts. Bürgermeister und LPG-Vorsitzender bilden mit ihm gleichsam ein Triumvirat. Die drei stecken regelmäßig die Köpfe zusammen und reden darüber, ob und wie man den Vorgarten der Kirche instandsetzt, und wer was zur neuen Friedhofskapelle beiträgt. Gestorben wird zu allen Zeiten, und auf dem Gottesacker ruhen Gottgläubige und Gottlose friedlich beieinander. Die einen bringt der Herr Pfarrer unter die Erde, die anderen der Bürgermeister oder ein bestellter Grabredner. Und hat der Pfarrer die Christenlehre zur falschen Zeit angesetzt, weil zur selben Stunde die LPG ihr Vieh umsetzen will und darum jeden Halbwüchsigen im Ort als Treiber braucht, da redet man mit dem Pastor und der verlegt seine Nachwuchsarbeit auf einen anderen Tag. Auch er möchte, dass die LPG im Kreis gut dasteht, denn alle Bauern sind seine Schäfchen, über die er und der Herrgott die Hände schützend breitet, ob sie nun in die Kirche zum Gottesdienst kommen oder nicht. Nur Heiligabend ist das Haus des Herrn bis auf den letzten Platz gefüllt. Die Emporen fassen kaum alle, die das Krippenspiel vorm Altar verfolgen, welches die Jüngsten monatelang einstudiert haben. Und wenn mit Pathos und Orgelbegleitung »Stille Nacht, heilige Nacht« angestimmt wird, werden sogar die härtesten Kommunisten sentimental und fallen in den Choral mit ein. Selbst den Bürgermeister sah man schon sich eine Träne aus dem Auge tupfen.

Übers Jahr aber verliert sich an jedem Sonntagmorgen um 10 Uhr lediglich ein Dutzend alter Frauen auf den Kirchenbänken. Das Gotteshaus ist in jeder Hinsicht von gestern.

Gleichwohl kommt der Herr Pfarrer, ein Mann um die Fünfzig und durchaus weltoffen, zu den Dorffesten gern. Ohne Talar sieht er aus wie jeder andere auch. Er wird begleitet von seiner Frau, die ihre ausladenden Hüften mit wallenden Gewändern kaschiert. Der Figur nach könnte sie mit jeder Wagner-Sängerin konkurrieren, die sie natürlich nicht ist. Aber sie geriert sich wie eine solche. Die Leute, die ein feines Gespür dafür haben, wenn sich jemand für etwas Besseres hält als er tatsächlich ist, würden sie normalerweise links liegen lassen. Aber sie ist die Frau Pfarrer, und darum fällt etwas von der Achtung auch auf sie, welche im Dorf ihrem Mann entgegengebracht wird.

Der Pfarrer schreitet, nach rechts und links freundlich grüßend, zielstrebig zum Bürgermeister, der schwitzend mit einem langen Messer und einer Gabel am Grill steht, um denen, die ihm einen Pappteller hinhalten, eine Scheibe vom Schweinchen abzusäbeln. Zischend tropft das Fett in die Glut. Sein Assistent dreht eifrig an der Welle, auf dem das Spanferkel, bei dem es sich bereits um einen Läufer handelt, der Länge nach aufgespießt ist. Das Tier streckt alle Viere von sich, zwei Bügel halten die Extremitäten im rechten Winkel vom Körper gespreizt. Die Bauchhöhle ist sichtbar, denn die Innereien wurden entfernt, bevor der Spieß durch das Tier gejagt wurde.

»Herr Pfarrer, willkommen«, sagt der Bürgermeister, nachdem er die Bierflasche abgesetzt hat. In regelmäßigen Abständen löscht er das Ferkel ab. Er setzt den Daumen auf den Flaschenhals, schüttelt kräftig und rückt den Finger ein wenig beiseite. Dann fährt mit Druck mehr Schaum als Bier aus der Flasche, zischt gegen die Schwarte und schwebt als Wölkchen davon. Danach setzt der Bürgermeister sich die Flasche an den Mund und nimmt einen Schluck. Das geht über mehrere Stunden so, und es stellt sich die Frage, was für den Dorfschulzen an dieser Aufgabe das Reizvollste ist: Braten oder Biertrinken.

»Frau Pfarrer, auch Ihnen ein herzlicher Gruß«, sagt der Bürgermeister und langt nach der Hand der Flatterhaften. Die lächelt wohlwollend unter ihrem breitkrempigen Hut, als sei sie die Königin von England.

»Soll ich Ihnen etwas abschneiden«, erkundigt sich der Bürgermeister. »Das Bauchteil hier ist besonders knusprig«, sagt er und weist mit der Spitze seines Säbels auf das Mittelstück.

»Nein«, flötet Frau Pfarrer mit spitzem Mund. »Ich hätte lieber etwas vom Schinken. Der ist doch durch?«

»Aber gewiss doch. Durch und saftig.«

»Sie haben doch hoffentlich vorher keinen Senf drauf gemacht? Da wird die Haut hart wie Leder und wirklich zur Schwarte.«

Der Bürgermeister lacht. »Ich habe in meinem Leben schon Dutzende Ferkel gegrillt und kenne inzwischen alle Tricks und Kniffe. Und Sie, Herr Pfarrer, auch was aus der Hinterbacke?«

Der gertenschlanke Geistliche winkt ab. »Versorgen Sie erst mal meine Frau. Sie hat's nötiger.«

Nachdem sie ihre Schreibe bekommen hat, hält Frau Pfarrer nach einem Plätzchen in der Nähe Ausschau. »Geh schon mal, meine Liebe, ich muss noch etwas Dienstliches mit dem Bürgermeister besprechen.« Nachdem sie außer Hörweite ist, beugt sich der hagere Pfarrer zum fülligen Bürgermeister hinunter. »Kurt, wie machen wir das nun mit dem Kirchendach? Die Superintendentur hat abgelehnt, und auch der Landesbischof hat den Offenbarungseid geleistet. Sie haben keine Mittel frei.«

»Hm«, sagt Kurt und blickt nach oben. »Hast du schon mal bei eurer Patengemeinde in Baden-Württemberg nachgefragt?«

»Mehr als einmal. Die Schwaben halten die Taschen zu, seit sie hier zu Besuch waren. Die haben die ordentlichen Straßen gesehen, unser Freibad, das die LPG gebaut hat, unser neues Spritzenhaus. Ich habe das denen angesehen, wie enttäuscht sie darüber waren. Die glaubten immer, wir lebten kurz vor Sibirien und litten Hunger und Not. ›So ein Bad können wir uns nicht leisten‹, hat eine mit spitzer Lippe gesagt. Da war mir klar, was das bedeutete. Wenn ich auf das Kirchendach zu sprechen kam, biss ich merklich auf Granit.«

»Werner, ich versteh das. Unser Problem ist nicht die Baukapazität. Wenn wir wollen, kriegen wir schon genug Zimmerleute und Dachdecker zusammen, selbst die, die in Berlin und Dresden arbeiten, würden am Wochenende mitmachen. Die Kirche gehört zu unserem Dorf, das ist Geschichte und Kultur, da lässt niemand was verfrieren. Es fehlen uns aber die Ziegel! Wo soll ich die hernehmen? Die paar Ziegeleien, die es in der DDR noch gibt, kommen doch nicht hinterher. Da ist jede Dachpfanne schon dreimal verplant, und der Mittag verkauft sie ein viertes Mal munter in den Westen. Ich kann mir die Ziegel auch nicht aus den Rippen schneiden.« Resigniert nimmt der Bürgermeister einen Schluck aus der Pulle. »Kannst du nicht mal mit deinem Amtsbruder in Glindow sprechen? Der soll mal mit dem Chef der dortigen Ziegelei reden. Ich wiederum kenne deren Parteisekretär von einem Lehrgang und werde es über meinen Kanal versuchen. Ich frage mal an, ob wir an einem Wochenende oder zwei bei denen eine Art Subbotnik machen. Wir rücken mit einer Kolonne Freiwilliger aus dem Dorf an und fahren Schichten. Und dein Amtsbruder soll im Werk nacharbeiten.«

»Du meinst, wir produzieren unsere eigenen Ziegel?«

»Jo. Das halte ich für machbar. Wir werden zwar Material und die Energie bezahlen müssen, aber die paar Tausend Mark kriegen wir im Dorf zusammen. Wir machen einen gemeinsamen Spendenaufruf. Sagen wir: 1 Mark für einen Ziegel, und am Kirchenportal verewigen wir jeden Spender mit der Zahl der Ziegel, die er übernommen hat. Du wirst sehen, wie die sich gegenseitig überbieten werden.

»Mensch, Kurt, das ist eine tolle Idee. Und du meinst, dass da deine Partei mitmacht?«

»Nee, Werner, ›die Partei‹ wird natürlich nicht mitmachen. Aber inoffiziell wird die Kreisleitung es begrüßen und sich am Ende mit der lokalen Initiative schmücken. Das gibt garantiert eine Auszeichnung im Wettbewerb ›Unser Dorf soll schöner werden‹.« Er grinst. »Aber eine Bitte, Werner, habe ich: Der Vorschlag ist allein auf meinem Mist gewachsen.«

Der Pfarrer lacht. »Kein Problem. Die Idee kam ja wirklich von dir.« Er richtet sich auf und wird nun wieder ganz Würdenträger. »Herr Bürgermeister, bitte eine Scheibe vom Kopf. Die Backen sollen besonders gut schmecken.«

»Das stimmt, Herr Pfarrer. Woher wissen Sie das?«

»Weil Sie es mir beim letzten Mal verraten haben.«

»Wirklich?«

Der Lärm aus dem Saal bekommt inzwischen Konturen. Aus den Übungsfetzen werden bereits halbe Stücke, es scheint, dass die Instrumente eingepegelt sind und der Sound stimmt. Die Spannung an den Tischen wächst. Einige erheben sich und schlendern zu den breiten Türen, als triebe sie alles Mögliche, nur nicht die Neugier und die Erwartung des baldigen Beginns. Marlens Mädchenclique kichert und schwatzt unverändert. Die jungen Damen tun so, als würden sie sich selbst genügen und interessierten sich nicht die Bohne für das, was ringsumher passiert.

Dieser Eindruck täuscht. Natürlich registrieren sie jede Positionsbewegung. Jedem Mann wird unbemerkt nachgestarrt, kritisch bewerten sie Frisuren, Muskeln und Schultern. Sie unterscheiden sehr wohl zwischen Knackarsch und Hängearsch, Schlaffis haben bei ihnen so wenig eine Chance wie Muttersöhnchen und Weicheier. Die Mädels haben klare Vorstellungen. Richtige Männer, die entschlossen zulangen können, stehen hoch im Kurs. Dem Alter, in welchem man auf Händchenhalten und Gänseblümchensex stand, sind sie längst entwachsen.

»Wollen wir reingehen«, fragt Marlen in die Runde und erhält eine eindeutige Antwort. Wie auf Kommando erheben sich die reifen Teenager von den Bänken und streben im Kollektiv dem Saaleingang zu. Sie drängen sich aneinander wie weiland eine römische Kohorte, die in die Schlacht zog. Als kompakte Gruppe stand sie wie ein Mann, lag sie wie ein unverrückbarer Fels in der Brandung. So fühlen sich auch die Mädchen: selbstsicher, selbstbewusst, selbstbestimmt. Uns kann keiner! Uns!

Aber der Einzelnen?

Auf dem Weg zum Tanzboden quert Robert Steinhauer wie zufällig ihren Weg. Marlen hatte ihn aus der Ferne gesehen, ihm aber keinerlei besondere Beachtung geschenkt. Er war wie alle anderen Jungs für sie Fallobst und ohne jegliches Interesse. Ihr Herz gehörte allein Martin, den sie in wenigen Tagen an die Brust drücken würde. Heute abend wollte sie lediglich ein paar muntere Stunden genießen, mehr nicht.

Im eher beiläufigen Passieren langt Steinhauer nach Marlens Oberarm. »Der erste Tanz gehört mir.«

»Aua, du tust mir weh.«

Steinhauers Griff lockert sich, dann lässt er die Hand fallen. »Ich wollte nur reklamieren, dass ich mit dir gleich die erste Runde drehen will.«

»Warum?« Die unsanfte Aufforderung empfindet Marlen reichlich unverschämt. Steinhauer hat keinerlei Ansprüche an sie. Mit welchem Recht fordert er sie zum Tanz? Seine Offerte ist anmaßend.

Als Steinhauer auf ihre Frage nicht reagiert, wiederholt sie Marlen. »Weshalb sollte ich mit dir den ersten Tanz absolvieren? Ausgerechnet mit dir.«

Robert Steinhauer starrt sie unbeeindruckt an. Als sei er taub, sagt er noch einmal: »Sobald die Musik einsetzt, schleife ich dich auf die Tanzfläche.«

»Hast du sie noch alle«, ruft eine von den Mädchen, die stehengeblieben sind und Steinhauers Attacke beobachtet haben. »Marlen ist verlobt und hat mit Knackis nichts am Hut, mit dir schon gar nicht, du Arsch!« Die Ansage ist deutlich, die Mädchen machen aus ihren Herzen keine Mördergrube.

Marlen lenkt ein, der Klügere gibt nach. »Wenn du mir versprichst, dass du mich dann für den Rest des Abends in Ruhe lässt, dann kriegst du den ersten Tanz.« Die ersten Runden sind immer laut und rockig, das weiß sie, erst zum Ende hin kommen die langsamen Schmusetitel, bei denen die Paare ineinander kriechen. Am Anfang des Abends kann man die Glieder noch schütteln und getrennt tanzen.

»Okay.« Die Antwort kommt wie aus der Pistole geschossen. Steinhauer nickt wie zur Bekräftigung. »Okay.«

Die Mädchen zerren Marlen in den Saal. »Lass doch den Wichser, mit dem gibt es nur Ärger. Der ist doch nicht ganz dicht, der Spanner.«

Drinnen füllen sich bereits die Tische. Diese stehen links und rechts im rechten Winkel an den Saalwänden, beidseits mit Stühlen bestückt. In der Mitte dehnt sich eine Freifläche, die mit hässlichem Linoleum bedeckt ist. Dem Wirt war das Abschleifen des

Eichenparketts zu aufwendig, außerdem hätten einige Brettchen ausgewechselt werden müssen, und einen solchen Flickenteppich wollte er vermeiden. Also Linoleum drüber und aus die Maus.

Gegenüber der Bühne an der Stirnseite ist die lange Theke, die nur benutzt wird, wenn es eine Saalveranstaltung gibt. Drinnen in der Schankstube gibt es eine zweite. An der fließt das Bier an 365 Tagen im Jahr abzüglich der wöchentlichen Ruhetage, die stets auf den Montag fallen. Doch wer am Montag sein Bier im Krug haben will, dem füllt der Wirt auch am Ruhetag die Milchkanne. Meist schicken die Väter ihre Kinder, die kriegen auch anstandslos das Gefäß mit Gerstensaft gefüllt, obwohl über dem Tresen der Hinweis aus dem Jugendschutzgesetz hängt, dass der Verkauf von alkoholischen Getränken an Jugendliche unter 16 Jahren verboten sei. Bier gilt bekanntlich nicht als Alkohol, sondern als Grundnahrungsmittel.

Vom Saal führt ein kurzer Flur in den Schankraum mit den runden Tischen und den abgewetzten Thonet-Holzstühlen. Generationen von Bauern und Traktoristen haben sich hier die Gesäße breitgedrückt, während draußen die Traktoren stundenlang tuckerten. Zu den unerklärlichen Sünden gehörte jene, den Motor laufen zu lassen, während man soff und seinen Strammen Max verzehrte.

Der Flur führt rechts an der Tanzsaal-Theke vorbei. Von dort gehen auch die Toiletten ab. Diese sind erst später eingebaut worden, als sich die Meckereien über die geteerte Pissrinne häuften. Diese befand sich auf dem Hof und daneben ein Türchen mit einem Herzen. Dahinter war der gemeinsam von Männern und Frauen benutzte Abtritt, was wörtlich zu verstehen war, denn das Brett, auf das man sich setzte, wies zwei Öffnungen auf. Das war gewiss anstößig, zu vorgerückter Stunde jedoch ohne Bedeutung. Man hatte sich bei Tisch angeregt unterhalten und setzte nunmehr das Gespräch mit heruntergelassener Hose fort.

Irgendwann war dem Wirt auch die Hygieneinspektion aufs Dach gestiegen und hatte ihn an die gültigen Rechtsvorschriften erinnert: soundsoviel Plätze erfordern soundsoviel Klobrillen, und diese getrennt nach den Geschlechtern. Widerwillig beugte sich der Wirt dieser Vorschrift, die Meckereien hätte er durchaus weiter ertragen.

Toilettenbecken und -brillen gab es in ausreichender Zahl bei der BHG. Die Bäuerliche Handelsgenossenschaft führte auch Waschbecken und Spülkästen. Aber es mangelte an Armaturen. Das Wohnungsbauprogramm fraß alles auf, obgleich man inzwischen selbst die Wasserhähne aus Plaste fertigte. Fast drohte an der Abortfrage die Existenz der Dorfkneipe zu scheitern, bis der Bürgermeister dem Wirt die Namen jener berenteten Dorfbewohner steckte, die in der nächsten Zeit zu Verwandtenbesuchen in den Westen fahren würden. Die suchte der Wirt auf und bat sie, ihm ein, zwei Armaturen mitzubringen, um dem DDR-Gesetz Genüge zu tun. Die meisten der Angesprochenen zögerten keine Sekunde, zumal der Wirt ihnen versprach, den Kaufpreis in vierfacher Höhe in Ost zu bezahlen, was eine ordentliche Rendite versprach. Und den Kauf im bundesdeutschen Baumarkt finanzierten die Verwandten drüben. So ein Wasserhahn kostete nicht nicht Welt, danach krähte im Westen kein Hahn und unser Zoll auch nicht.

Der Kneiper gewann sichtlich an Reputation, als er die Toiletten der Öffentlichkeit übergab. Manch Ah und Oh war beim Anblick der chromblitzenden Wasserspender zu vernehmen, deren Herkunft zwar erkennbar war, nicht aber, wie sie den Weg nach Grünwald gefunden hatten. Solche Mischbatterien haben sie nicht mal in Dresden in den Interhotels, wusste einer zu berichten, der zwar dort noch nie geschlafen hatte – das war nur höchsten Dienstreisenden gestattet, um Betten vorzuhalten für den Fall einer unerwarteten Invasion von Devisentouristen –, aber er kannte einen, der dort schon mal einen Blick in ein Bad hatte werfen dürfen und davon berichtete.

Es ist nicht belegt, dass wegen dieser Armaturen die Damen sich besonders oft »die Nase pudern« gingen, aber seitdem war die Frequenz der Toilettengänge merklich gestiegen. Die Spülen rauschten unablässig, fast schien es, als wären die meisten Gäste gleichsam über Nacht an der Blase erkrankt. Der Harndrang schien übermächtig über die Besucher des Dorfkrugs gekommen zu sein, seit das Wasser durch westliche Hähne floss.

Tätä, tätä. Ein Tusch der Kapelle ließ die Gespräche verstummen, nur die Kellnerinnen, die man für diesen Abend aus der nicht berufstätigen Bevölkerung akquiriert hatte, eilten unbeeindruckt weiter auf und ab und nahmen Bestellungen entgegen. Man freue sich, erklärte der Mann am Mikrofon, den die jungen Leute als Bandleader bezeichneten, für die älteren Semester war es nur ein langhaariger Zottelkopp in schwarzen Lederhosen und mit blitzendem Goldkettchen um den Hals, auf das sein geöffnetes Hemd einen ungehinderten Blick gestattete. Hätte er nicht noch einen Lederhut auf dem Kopf getragen, könnte man ihn für einen Zuhälter halten. Wobei: Diese kannte man allenfalls aus dem Kino, denn eine solche Profession war hierzulande unbekannt, ganz gewiss in Görlitz und Umgebung. Prostitution existierte allenfalls semiprofessionell und nur dem Vernehmen nach, man hatte gehört, dass während der Messe in Leipzig ganze Heerscharen junger Frauen aus der Republik einfielen, die unter den Ausstellern aus dem Westen fette Beute machten, von der sie ein halbes Jahr leben konnten – bis zur nächsten Messe im März oder September.

Der Mann mit Mikro begrüßt also die Gäste und wünscht ihnen und der Band einen tollen Abend. Drei Stücke am Stück, heißt es, dann könne man den Partner wechseln, und irgendwann gebe es eine längere Pause, damit sie sich auch mal erholen könnten.

Das Echo sind Pfiffe und Gejohle, wobei nicht erkennbar ist, ob es sich dabei um den Ausdruck von Unmut oder Begeisterung handelt. Egal, ein Akkord donnert durch den Saal und reißt den Letzten ins Leben. Dann fallen die anderen Musiker ein. »Rock over Beethoven«: ein Zugeständnis an alle Generationen. Der Text versinkt im wummernden Klangbrei.

Robert Steinhauer läuft über die Tanzfläche, die sich augenblicklich mit zuckenden Leibern füllt. Dann baut er sich vor Marlen auf. Ohne ein Wort greift er nach ihrer Hand und zieht sie mit sich. Er versucht, sie auf der Tanzfläche gleich an sich zu drücken. Sie entwindet sich freundlich, aber augenfällig seinem packenden Zugriff und beginnt sich allein im Rhythmus zu wiegen. Kein Paar tanzt zusammen, jeder tanzt für sich allein und alle tanzen miteinander. Dann beginnt die nächste Nummer, die ein wenig langsamer und melodischer ist. Sofort wittert Steinhauer die Chance und greift beidhändig nach Marlens Hüfte und umfasst die schmale Taille.

»Ich finde dich toll«, sagt er. »Schon immer. Wir sind für einander bestimmt.«

Marlen lächelt distanziert-höflich. Ihr Kopf geht hin und her. »Das glaube ich nicht.«

»Ja, ich weiß, das damals im Umkleideraum war blöd von mir. Es tut mir leid. Wir waren jung.«

»Mag ja sein. Aber das ist es nicht, warum ich nichts mit dir zu tun haben möchte. Ich gehöre zu Martin, wir werden heiraten und Kinder haben. In meiner Planung kommst du nicht vor.«

Steinhauer schweigt. Sein Gesicht verrät nicht, was in seinem Kopf vor sich geht. Nach einer Weile meldet er sich wieder. »Ich glaub das nicht. Das sagst du doch nur aus Angst vor den anderen. Die Mädchen haben dir doch bestimmt viel dummes Zeug über mich erzählt.«

»Stimmt, sie haben mir einiges erzählt. Aber es war kein dummes Zeug, da bin ich mir sicher.«

»Was haben sie denn erzählt?«

Marlen dreht sich, und als die 360 Grad vollendet sind, strahlt sie ihn an. »Das werde ich dir nicht auf die Nase binden. Ich bin nicht katholisch, und du bist kein Beichtvater.«

Pause. Dann wummern wieder die Bässe. »Life ist life«, dröhnt es aus den Boxen. Die Paare stampfen den Rhythmus aufs Linoleum. »Nanna, nanna, na.« Marlen hebt die Arme über den Kopf und schlägt wie die anderen die Hände im Takt der Musik. Nanna, nanna, na.

Das rote Chiffonkleid rutscht ein wenig in die Höhe, der Stoff strafft sich über den Brüsten und den flachen Bauch. Steinhauer blickt lüstern, sie trägt keinen BH, das sieht er sofort. Und die Achselhaare hat sie sich auch weggemacht. Macht man das jetzt so in der Stadt? Die Mädchen, die er hatte, trugen alle Büschel unter den Armen und rochen auch ein wenig ranzig unterm Arm. Marlens nackte Haut macht ihn an. Er kann nicht sagen, warum, aber irgendwie erregt es ihn. Er stellt sich vor, wie Marlen vorm Spiegel steht, nackt natürlich, den Arm hebt und sich rasiert. Nass oder elektrisch? Schwer zu sagen. Vielleicht mit einem Bebosher? So einen hat er auch. Die Vorstellung, dass sich Marlen mit einem summenden Elektrorasierer die Haare unterm Arm entfernt, sorgt augenblicklich für Spannung in seiner Hose. Vielleicht rasiert sie sich auch woanders?

Unverblümt fragt er: »Du rasierst dich da?« Und zeigt mit dem Finger auf die Achsel.

Marlens Arme fallen nach unten, ihre Gesichtszüge schalten von freundlich auf abweisend. »Na und. Geht's dich was an.« Sie ist drauf und dran ihn stehen zu lassen. Doch die paar Takte werde ich noch aushalten, denke sie, und dann ist Schluss. Für heute und immer. Sie macht im Wortsinne gute Miene zum lästigen Spiel.

Robert Steinhauer bemerkt das so wenig wie er stets Gesten und Reaktionen nicht wahrnimmt, die ihm nicht in den Kram passen. »Rasierst du dich nur dort oder auch noch woanders?«, erkundigt er sich mit einer Einfalt, die schon an Infantilität grenzt.

Marlen schweigt eisern. Das ist ihr zu blöd, um darauf überhaupt zu reagieren.

»Dankeschön«, kommt es von der Bühne.

Steinhauer schnappt sich Marlens Hand und führt sie an ihren Platz. So, wie man es in der Tanzstunde gelehrt bekommt. Er macht einen Diener und verdrückt sich im Gewühl.

Auch die anderen Mädchen kehren zurück und hocken sich schnaufend wieder auf ihre Stühle. Die Kellnerin steht schon mit gezücktem Block an der Kopfseite des Tisches. »Noch einmal das Gleiche«, ruft eine mit rotem Gesicht. »Bier für alle und für Marlen einen Apfelsaft.«

»Na, wie war's mit dem Spasti«, erkundigt sich Marlens Gegenüber. »Ist er zudringlich geworden?«

Marlen schüttelt den Kopf. »Nein, das nicht gerade. Aber anzüglich war er schon.«

»Was hat er gemacht, sag an.« Die Neugier steht der Freundin ins Gesicht geschrieben. Sie fragt nicht aus Mitleid, sondern aus Sensationsgier. Gibt es eine Geschichte, die man Montag auf Arbeit in der LPG zum Besten geben kann?

»Nichts, er hat nichts gemacht. Er hat mich gefragt, ob ich mich rasiere.«

»Hä?« Die Frage ist so kurz wie das Gesicht lang ist.

»Er hat mich gefragt, ob ich mich rasiere.«

»Ich habe dich schon verstanden. Wie kommt der auf so einen Quatsch?

Marlen hebt beide Arme und offenbart die beiden blanken Stellen.

Die Mädels gucken und staunen, als säße vor ihnen das achte Weltwunder.

»Warum machst du das? Ist das jetzt modern.«

»Ich weiß nicht, ob das modern ist. Aber im Internat machen das alle Mädchen. Da riecht man nicht so, wenn man schwitzt. Natürlich juckt es, wenn es nachwächst. Deshalb muss man regelmäßig ran.« Marlen lächelt, die Freundinnen schweigen.

»Deo reicht nicht?« Mindestens eine am Tisch hat Zweifel an der Wirksamkeit dieser Übung.

»Ja, sicher«, meint Marlen, die in gewisser Weise überrascht ist, mit fehlenden Achselhaaren soviel Aufmerksamkeit erregt zu haben. Die Kellnerin kommt mit dem Tablett. »Durchreichen«, befiehlt sie.

Die Stunden vergehen wie im Fluge, die Stimmung im Saal wird immer ausgelassener. Marlen bleibt konsequent bei ihrem Apfelsaft. Sie ist es gewöhnt, wenn bei Feiern ihre Umgebung immer lustiger wird und sie von dieser Bierseligkeit nicht angesteckt werden kann. Meist verlässt sie solche Abende vor der Zeit. Heute jedoch ist es anders. Ihre Freundinnen sind nett und unterhaltsam, es wechseln die Personen am Tisch, inzwischen haben auch Schulfreunde Platz genommen, die sie lange nicht gesehen hat. Es herrscht reges Kommen und Gehen, zwischendurch tanzt Marlen, dann nimmt sie einen Schluck Apfelsaft und parliert mit ihren Nachbarn, soweit es die Lautstärke gestattet. Morgen, da ist sie sich sicher, wird sie nur krächzen und stockheiser sein. Und was die Brüllerei nicht schafft, besorgt der Zigarettenqualm, der die Luft schwängert. Was heißt schwängern? Der Saal ist blau, kaum sieht man noch die Band auf der Bühne, die gerade auf der »Route 66« unterwegs ist. Marlen trommelt den Takt auf die Tischplatte, als ihr jemand auf die Schulter klopft. Sie schaut sich um und verzieht augenblicklich ihr Gesicht. »Verpiss dich!«

Steinhauer tut dergleichen nicht. Er legt erneut die Hand auf ihre Schulter und lässt sie dort ruhen, als meldete er einen Besitzanspruch an. Wohl oder übel muss Marlen neuerlich ihren Kopf wenden.

»Hör zu: Wir haben am Nachmittag verabredet, dass wir den ersten Tanz machen und du mich dann in Ruhe lässt. Wir haben getanzt. So. Und jetzt will ich meine Ruhe haben. Verstanden!«

Es sitzt keiner in ihrer Nähe, den sie auffordern könnte, mit ihr in die Saalmitte zu laufen. Sie fühlt sich in diesem Moment ziemlich allein und verlassen.

Steinhauer ist angetrunken, aber nicht besoffen. Marlen weiß nicht, wie er reagiert, wenn sie ihm eine totale Abfuhr erteilte. Manche reagieren in solchen Situationen nicht nur ausfallend, sondern aggressiv. Würde er sie ins Gesicht schlagen, wenn sie auf stur schaltete?

Sie ist unsicher. Schließlich willigt sie ein. Der Abend ist damit für sie gelaufen. »Ich muss dann sowieso gehen«, sagt sie beim Aufstehen. »Meine Großeltern wollen nach Hause, ich muss sie begleiten.« Ihre Großeltern liegen daheim in ihren Betten und passen auf Marlens zehnjährigen Bruder auf. Auf diese Weise will sie Steinhauer aber klarmachen, dass danach definitiv Schluss für sie ist. Er soll sich also keine falschen Hoffnungen machen.

Beim Tanz wiederholt sich alles. Wie bereits Stunden zuvor beginnt Steinhauer Süßholz zu raspeln. Es ist albern und peinlich oder wie Marlen sagt: neben der Spur. Wütend brüllt sie ihm ins Gesicht: »Ich sage es dir zum letzten Mal: Ich will nichts von dir wissen, du interessierst mich nicht.«

Doch der Schlosser bleibt stoisch in seiner Spur. Gebetsmühlenartig wiederholt er seine Plattheiten. Er könne nicht mehr ohne sie leben, er verzehre sich nach ihr, er wisse nicht, was er sich antue, wenn sie sich ihm verweigere.

Es reicht ihr. Marlen lässt Steinhauer auf der Tanzfläche stehen und kehrt zu ihrem Platz zurück. Sie winkt nach der Servierkraft, um die drei Gläser Apfelsaft zu bezahlen, die sie hatte. Unterdessen verstummen die Instrumente. Pause. Nach und nach kehren die Tänzer an den Tisch zurück. Sie sehen, dass Marlen bereits zahlt.

»Du willst schon gehen?«

Sie nickt. »Ich bin müde und fühle mich nicht wohl«, was durchaus zutrifft. Aufregung bekommt ihrem Kreislauf nicht, sie braucht ihr Blutdruckmittel, die Insulinspritze ist ebenfalls fällig. Hier aber will sie sich die Injektion nicht setzen. Die Toilette gleicht einem Taubenschlag, und ein paar Minuten später zu spritzen bringt sie nicht um.

Einer der Jungs hat den Streit mit Steinhauer gesehen. »Ist es wegen dem Arsch?«, erkundigt er sich gleichermaßen teilnahmsvoll wie besorgt.

»Auch«, sagt sie. »Er war schon wieder hier und hat mich vollgequatscht, obwohl er mir am Nachmittag versprochen hatte, mich in Ruhe zu lassen.«

»Dem kann man kein Wort glauben«, hängt sich ein zweiter rein. »Wenn dem der Schwanz ins Hirn rutscht, verdrängt der den Verstand.« Und nachdem er sich überzeugt hat, dass Marlen nicht zum Bleiben überredet werden kann, sagt er: »Wir bringen dich nach Hause. Wer kommt mit?«

Marlen nimmt dankbar das Angebot an. Sie fürchtet sich in der Tat, allein durch das nächtliche Dorf zu gehen. Zwar brennen die Laternen, aber es gibt manche dunkle Ecke, wie sie weiß. Und diesem Idioten traut sie inzwischen alles zu. Wo ist er überhaupt? Sie lässt den Blick schweifen, doch nirgendwo ist Steinhauer zu sehen. Er steht weder am Tresen, wo er meist zu finden ist, noch sitzt er irgendwo. Mach dich nicht verrückt Marlen, sagt sie sich, vielleicht ist er nur auf der Toilette.

Zwei Jungs und eine Freundin machen sich schließlich anheischig, Marlen zu begleiten. »Wir kommen gleich wieder zurück« sagen sie, »bestellt uns schon mal ein Bier.« Länger als eine Viertelstunde werden sie nicht weg sein. Die Uhr geht auf 23 Uhr zu.

Die vier schlendern durchs Dorf und die laue Sommernacht. Vom Himmel strahlt eine schmale Sichel, in wenig Nächten wird es Neumond geben. Die Grillen zirpen und die Sterne blinken. Je weiter sie sich vom Dorfkrug entfernen, desto ruhiger wird es. Man hört die Stille.

»Ach«, sagt Marlene, »wie schön es hier ist«.

»Naja«, antwortet der eine, »auf Dauer gewöhnt man sich an die Schönheit und findet sie nur noch langweilig. Da fällt dir der blaue Himmel auf den Kopf wie eine Bratpfanne. Nee, hier werde ich nicht alt. Bei der erstbesten Gelegenheit bin ich weg.«

»Wo willst du denn hin?«

»Das weiß ich noch nicht. Nur raus hier. Etwas Besseres als den Tod finden wir überall, wussten schon die Bremer Stadtmusikanten.«

»Willst du etwa rüber?« Marlen vermag ihr Entsetzen kaum zu unterdrücken.

»Quatsch. Dresden ist doch auch schon ganz schön weit weg. Noch weiter natürlich Berlin.«

»Ob du da glücklich wirst?«

»Du willst doch auch dorthin, um zu studieren.«

»Ja, um zu studieren. Aber ob ich danach dort bleibe ...«

»Das entscheidest du doch nicht. Da kommt die Einsatzkommission und sagt: Kötzschenbroda.«

»Oder Eggesin. Wenn Martin nachlegt und Offizier werden will. Da bist du als Ehefrau ohnehin nur ein besserer Blinddarm, der gemeinhin Wurmfortsatz heißt. Gleichberechtigung hin oder her: Als Offiziersfrau musst du dahin gehen, wo sie deinen Mann hinkommandieren. Da kannst du dir mit deinem Diplom oder deinem Doktortitel den Arsch wischen, und du musst froh sein, wenn sie in der Küche noch eine Planstelle als Kartoffelschälerin freihaben.«

Marlen wehrt ab. »Martin macht nur seinen Grundwehrdienst, an Nachschlag ist nicht gedacht.«

»Weißt du's? Die brauchen den doch nur in die Mangel zu nehmen, versprechen ihm ein Ingenieurstudium oder eine Stelle als Militärattaché in Washington oder in Tokyo, und schon wird er weich.«

»Das klingt nicht schlecht. Ich würde sofort mit ihm in die USA oder nach Japan gehen, wenn sich dazu Gelegenheit ergebe.«

»Siehste, schon kippst du um und wirst weich. Warum nicht auch Martin?«

Der andere fällt ein. »Er unterschreibt, besucht die Offiziersschule und dann heißt es: April, April. Wir meinten nicht Tokyo, sondern Torgelow. Und Aussteigen ist dann nicht mehr. Das ist wie nach dem Start von Siggis Rakete. Da musste Jähn auch so lange drinbleiben, bis Landung befohlen war. In Martins Falle: 25 Jahre.«

»Wirklich?« In der Dunkelheit leuchten Marlens fragende Augen.

»Ein Vierteljahrhundert, ja. Das heißt 2013. Vielleicht lassen sie ihm die 18 Monate Grundwehrdienst nach, da würde er dann schon Mitte 2011 entlassen werden.«

»Mensch, das ist schon im nächsten Jahrtausend! Soweit kann ich doch gar nicht denken.«

Marlen sagt. »Danke, dass ihr mich gebracht habt. Da oben ist schon unser Haus, das letzte Stück schaff ich schon allein.«

Ihre Begleiter lehnen ab. Das käme nicht in Frage, sie würden sie bis zur Tür bringen.

»Wer wohnt eigentlich in dem Kasten?«

»An der linken Giebelseite habe ich mein Zimmer. Ich habe einen eigenen Eingang wie auch mein Onkel, der Schwester meiner Mutter. Dessen Eingang ist auf der gegenüberliegenden Seite. Auf der Rückseite ist der Haupteingang zur Wohnung der Eltern. Dort lebt auch mein Bruder. Und im Obergeschoss wohnen

Marlens Haus, nach der Renovierung

Oma und Opa. Drei Generationen also unter einem Dach.«

»Und dort willst du alt werden?« In der skeptischen Frage schwingt bereits die Antwort mit.

Das Anwesen ist erreicht, Marlen sucht in der Handtasche nach dem Schlüsselbund. Sodann drückt sie jedem die Hand. »Man sieht sich ... Und nochmals: vielen Dank.«

Die drei trollen sich von hinnen. Marlen geht die paar Schritte zur Haustür, in ihrer Hand hält sie den Schlüssel. Jetzt, wo sie allein ist, spürt sie die Übelkeit, die sie schon geraume Zeit begleitet. Sie braucht die Pillen und ihre Spritze. Die Gleichgewichtsorgane beginnen bereits verrückt zu spielen.

Mit zitternder Hand führt sie den Schlüssel ein, als sich eine Hand auf ihren Mund legt.

»Tschscht, ganz ruhig«, hört sie eine Stimme sagen. Sie kennt diese. Der unangenehme Geruch von Nikotinfingern steigt ihr in die Nase, eine Bierfahne weht vorbei. Marlen wirft den Kopf hin und her, bis der Mund frei ist. Sie schreit nicht nach Hilfe aus Rücksicht auf die, die im Hause schlafen. »Was willst du?«, sagt sie nur und dämpft dabei auch noch die Stimme.

»Mit dir reden.«

»Ich wüsste nicht, worüber wir sprechen sollten«, sagt Marlen und versucht die Tür aufzusperren. »Wir haben uns nichts zu sagen, und nun hau ab!«

Ihre Aufforderung ist eindeutig, aber sie prallt an Steinhauer ab wie ein Tennisball an einer Mauer. Er führt ihre Hand und dreht den Schlüssel im Schloss, bis der Riegel zurückschnappt. Dann drückt er die Klinke nach unten, öffnet die Tür und schiebt Marlen in die Diele.

Sie wiederholt ihre Aufforderung, er solle verschwinden, am Ende bittet, fleht sie geradezu, doch das beeindruckt den Eindringling nicht. Die Diele führt geradewegs in ihr Zimmer. Er schiebt sie vor sich her, knipst das Licht an und wirft sich in den Sessel. Woher kennt er sich hier so genau aus? Sie hat ihn nie in ihre Wohnung gelassen.

Gelassen kramt er eine Schachtel Zigaretten aus der Hemdtasche.

»Hier wird nicht geraucht!« herrscht ihn Marlen an. »Hau ab, ich bin krank, ich fühle mich nicht wohl.«

Marlen greift zu den Tabletten, sie sie auf dem Nachtschrank zu liegen hat, dann kramt sie in der Handtasche nach dem Etui mit der Insulinspritze.

»Bist du noch immer zuckerkrank«, erkundigt sich Steinhauer, und fast klingt es, als empfinde er Mitleid.

Ja, sagt sie, und darum sei es besser, wenn er jetzt gehe. Sie müsse sich spritzen und dann hinlegen, sie habe den Zeitpunkt schon überschritten.

Steinhauer erhebt sich, als wolle er gehen. Doch statt zu verschwinden, nähert er sich Marlen. Er versucht sie zu umarmen, an sich zu drücken. Bierdunst und kalter Zigarettengestank schlagen ihr entgegen. Sie sperrt sich und will ihn von sich schieben, doch Steinhauer ist stärker als sie und klammert sich fest. Er versucht, sie zu küssen. »Lass deinen Heini fahren, gibt ihm den Laufpass«, stammelt er, »ich bin besser als dieses Bürschchen aus der Stadt. Du wirst es sehen, ich bin besser und treuer als er, dieser Schlappschwanz.«

Marlen rüttelt und schüttelt sich, Ekel steigt in ihr auf, Wut und auch Trauer sind dabei. Trauer darüber, dass dieser Abend so unangenehm endet. Noch wähnt sie sich in einem schlechten Film, glaubt an ein Ende ohne Schrecken, dass Robert plötzlich von ihr abließe wie damals in der Umkleidekabine und sagte: War alles nur Spaß, zieh dich wieder an.

Doch sie ist keine zwölf mehr und Steinhauer keine 15 wie damals. Sie beide sind acht Jahre älter, und zwischenzeitlich saß er wegen versuchter Vergewaltigung im Knast und ist nur auf Bewährung draußen. Das kann kein Spaß sein. Doch daran denkt sie nicht. Sie will nur den Kerl loswerden, der seine feuchten Lippen immer wieder in ihr Gesicht pressen will und mit der Hand unter ihr Kleid fährt. Sie presst die Beine zusammen und versucht, die Arme vor seiner Brust zu strecken, doch je mehr sie sich wehrt, desto drängender werden seine Bemühungen.

»Ja, sträub dich, wehr dich, das macht mich wild«, keucht er und wirft sie zu Boden. Mit seinem Körper begräbt er Marlen unter sich. Seine Hände sind überall, er muss davon ein halbes Dutzend haben. Sie spürt die Grabschaufeln gleichzeitig an ihren Brüsten, im Schritt und am Bauch, als er ihr das Kleid hochschiebt.

Er will ihr die Beine öffnen und den Slip herunterziehen, und gleichzeitig öffnet er seinen Hosenstall. Sie spürt das harte Ding auf ihrem Oberschenkel und dass etwas in ihrer Speiseröhre nach oben steigt. Sie öffnet den Mund, aus dem der Mageninhalt schießt. Der trifft Steinhauer mitten ins Gesicht, doch der lässt nicht von ihr ab. Er würgt sie und presst sie, drückt am Hals, sie röchelt und stöhnt und ringt nach Luft. Wie im Rausch dringt er schließlich in sie ein. Sie spürt den Schmerz, es ist, als wolle man sie mit einer Axt spalten. Dann schwinden ihr die Sinne.

Steinhauer bemerkt das nicht. Er rammelt unbeeindruckt weiter, der Rhythmus treibt ihn, sein Hinterteil hebt und senkt sich in rascher Folge. Immer schneller, immer rasender wird der Takt, bis er verharrt und sich streckt wie ein Brett. Ein spitzer Schrei entweicht seiner Kehle. Dann ist nur noch kurzatmiges Keuchen zu vernehmen, bis auch das verstummt.

»Na, habe ich dir zuviel versprochen«, sagt er nach einer Weile und bemerkt erst jetzt, dass die Frau unter ihm sich nicht regt. Die Lider bedecken nur halb Marlens Augen, der Mund ist geöffnet, es riecht säuerlich nach Erbrochenem.

»Scheiße, was ist mit dir?« Steinhauer zieht den Schwanz aus der Frau und versenkt sein Ding in der Hose. Dann beugt er sich über sie. »Marlen, hörst du mich?« Er tätschelt die Wangen, dann schlägt er zu. Wieder und immer wieder. Es ist der Versuch, sie ins Leben zurückprügeln, und auch Ausdruck von Wut darüber, dass sie ihm entglitten ist. Macht hat man nur über Lebende, über die, die sich wehren. »Du blöde Votze«, entfährt es ihm, »warum tust du mir das an?«

Keine Frage, die Frau ist tot. Das aber ist doch nicht seine Schuld. Er wollte ein wenig Spaß haben, und sie ja auch. Und dabei ist sie einfach über die Wupper. Soll ja hin und wieder vorkommen, dass einer beim Bumsen die Grätsche macht. Herzversagen oder so. Aber sie hat doch ihre Pillen genommen.

Steinhauer grübelt und langt nach der Schachtel auf dem Tisch. Er zündet sich die Zigarette an und betrachtet Marlen in aller Ruhe. Tatsächlich, die hat sich auch an der Möse rasiert, die ist da nackt wie ein Frosch, bemerkt Steinhauer erstaunt. Die ist doch pervers! Da muss man sich doch nicht wundern, wenn eine Nummer so endet wie diese hier geendet ist. Er hat doch nichts Ungewöhnliches getan. Er hat sein Ding in das Loch geschoben, wie es Milliarden Männer vor ihm getan haben, das war schon alles. Und sind vielleicht dabei Milliarden Frauen gestorben? Nein, sind sie nicht. Es kann also nichts mit ihm zu tun haben, wenn Marlen jetzt tot ist.

Aber wird man ihm das auch glauben?

Gedankenlos spielt er an seinem Feuerzeug. Immer wieder entzündet er nervös die Gasflamme und lässt sie erlöschen. An. Aus. An. Aus.

Da kommt ihm eine geniale Idee.

Er nimmt das Feuerzeug und hält es an die Tischecke. Diese flammt auf. Auch die Kissen brennen sofort, die Gardinen, das Bettzeug. Er zögert, das Feuerzeug auch an Marlens Kleid zu halten. Nun aber raus hier, sagt er sich und verlässt das Haus, wie er es betreten hat. Im Schatten der Bäume schleicht er sich von dannen. In einigem Abstand verharrt er. Er sollte bleiben und abwarten, was passiert. Aus der Ferne sieht er den zuckenden Lichtschein hinter den Fensterscheiben. Das Glas müsste bald zerspringen, sagt er sich. Dann kriegt das Feuer Luft und atmet tief durch. Wuff, würde es machen und Marlen in Asche verwandeln. Wenn er sie nicht kriegt, soll sie auch nicht dieser Martin bekommen.

Leidenschaftslos lehnt er sich an den Stamm einer Kastanie und starrt in die Nacht. Nach einer Weile hört er Schreie. Ein Stimme ruft »Feuer, Feuer!« In einigen Zimmern des Hauses geht Licht an. Ein Mann im Schlafanzug kommt wenig später die Straße herunter, er läuft nicht sehr schnell in seinen Latschen. Wo will der hin, fragt sich Steinhauer. Ach so, viel-

Die Feuerwehr donnert diesen Weg zum brennenden Wohnhaus hoch

leicht zur Telefonzelle, um die Feuerwehr zu rufen. Aber die Jungs sind doch alle auf dem Dorffest und bestimmt zu besoffen, um die Spritze zu halten! Steinhauer ist sich sicher: Ehe hier was gelöscht wird, gibt es von Marlen keine Spur mehr.

Unterdessen sind Marlens Eltern und der Großvater in die brennende Wohnung gestürzt. Als erstes tragen sie die am Boden liegende Marlen ins Freie, um die sich ihre Mutter kümmert. Die Männer lassen im Bad Wasser in die Wanne laufen und schütten es mit Eimern in die Flammen. Wenig später kommt tatsächlich der Löschzug die Straße heraufgedonnert. Wenn man genau hinschaut, fährt das Auto nicht sehr spurtreu, und keiner der Männer hat eine Uniform an. Doch in wenigen Augenblicken ist ein Schlauch ausgerollt und der Zimmerbrand gelöscht. Im Garten beugt sich die Mutter unverändert über Marlen, die kein Lebenszeichen von sich gibt. »Kind, sag was«, ruft die Frau immer wieder und drückt das Mädchen an ihre Brust, als erweckte Mutterliebe sie zum Leben.

Der Kommandeur des Löschtrupps blickt nur kurz auf Marlen. »Ich glaube, sie ist tot. Es sieht ganz danach aus.« Ein Schrei steigt zum Himmel, Schluchzen und Wimmern folgen. »Ich habe bereits Kriminalpolizei und Staatsanwaltschaft informiert. Die bringen den Arzt mit. Aber wie schon gesagt: Wahrscheinlich kommt die Hilfe zu spät. Herzliches Beileid.«

Schon wenig später lärmt mit Blaulicht und Tatütata der Barkas der Görlitzer Kriminaltechniker die Straße hinauf. Ihm folgt das Fahrzeug des Krimnaldienstes. Kroll hat das Kommando. Der Oberleutnant der K wirft einen kurzen Blick auf die Gaffer aus der Nachbarschaft, die sich inzwischen in großer Zahl eingefunden haben. »Gehen Sie bitte nach Hause«, fordert Kroll sie auf, »behindern Sie nicht die polizeilichen Ermittlungen«.

»Wer hat uns gerufen«, fragt er. Der Löschtruppführer meldet sich. »Wohnungsbrand mit Todesfolge, Genosse …« Er hält inne.

»Oberleutnant Kroll.«

»Wohnungsbrand mit Todesfolge, Genosse Kroll. Wir haben gelöscht und den Brandort gesichert.«

»Irgendeinen Verdacht?«

Der Mann von der FFW hebt die Schultern. »Schwer zu sagen. Es kann, es muss aber nicht Brandstiftung gewesen sein. Das müssen die Kriminaltechniker feststellen. Und«, er deutet in Richtung der Mutter im Vorgarten, »ein Arzt sollte sich um die Frau kümmern. Die ist völlig fertig.«

Kroll nickt. Der Krankenwagen sei unterwegs, die Leiche müsse ohnehin obduziert werden. »Können wir in die Wohnung?«

»Ja, schon, aber …« Er weist mit dem Kopf in Richtung Mutter und Tochter.

»Ja, schon klar.«

Kroll geht vor den beiden in die Knie. »Sie sind die Mutter?«

Die Frau nickt stumm.

»Mein herzliches Beileid. Ich bin Oberleutnant der K Kroll, ich leite die Ermittlungen. Darf ich Ihnen ein paar Fragen stellen?«

Sie schüttelt den Kopf. »Fragen Sie besser meinen Mann und meinen Vater. Ich kann nicht sprechen.«

»Hm«, sagt Kroll und erhebt sich. »Wo finde ich die beiden?«

»Da drüben an der Tür.«

Der Kriminalist geht ein paar Schritte und stellt sich erneut vor. »Wo haben Sie die Leiche Ihrer Tochter gefunden?«

»Drinnen.«

»Zeigen Sie es mir bitte.«

Die drei gehen ins Haus. Es riecht nach Angebranntem, Rauch hängt noch in der Luft und Löschwasser läuft zur Tür hinaus. Das Zimmer ist verwüstet. Die Gardinen sind heruntergebrannt, die Wände schwarz, aus der Matratze ragen die Spiralfedern, Wasser steht zentimeterhoch im Raum.

»Hier« sagt der Vater und weist auf den Platz zwischen Tisch und Bett. »Hier hat sie reglos auf dem Boden gelegen. Wir haben sie sofort ins Freie getragen. Wir glaubten, dass sie ohnmächtig geworden war und frische Luft brauchte.«

»Wie lag sie da? Ist Ihnen was aufgefallen.«

»Wissen Sie, wenn man in ein brennendes Zimmer kommt, ist alles und nichts auffällig«, wirft der Großvater ein.

Kroll nickt. »Na klar. Ich frage anders: War ihre Tochter noch angezogen, oder trug sie Nachtwäsche?«

»Da brauchen wir nur nach draußen zu gehen und nachzusehen«, sagt der Vater. »Wenn ich mich nicht irre, aber das werden wir gleich sehen, trug sie ein rotes Kleid. So war sie auch auf dem Dorffest. Nein, wenn Sie das meinen: Sie war mit Sicherheit noch nicht in ihrem Bett.«

Kroll erteilt den beiden Kriminaltechnikern die üblichen Anweisungen. Sie sollen den Platz der Leiche markieren und alles per Bild genau dokumentieren. »Das ganze Programm.«

Kroll geht zum Fahrzeug, holt eine Taschenlampe und kehrt in den Vorgarten zurück. Er leuchtet der Toten ins Gesicht.

»Keine Krähenfüße«, konstatiert er lakonisch.

»Ich bitte Sie«, ruft der Vater, »das Mädchen war keine 20, da kennt man so etwas noch nicht«.

Kroll schüttelt den Kopf. Es sei nicht das gemeint, was er denke. »Wenn ein Mensch bei einem Brand erstickt, dann lebt sein Gesicht. Er grimmasiert, verzieht die Mundwinkel, zieht die Augenbrauen hoch. Dabei setzen sich Rußpartikel in den Hautfalten ab. Was würden Sie sagen, wenn es solche Krähenfüße an den Augen nicht gibt?«

»Dass vorher nicht grimmassiert wurde.«

»Richtig. Und warum nicht?«

»Weil man nicht bemerkt hat, dass es brennt.«

»Auch richtig. Und was heißt das?«

»Das der Betreffende bereits tot war, bevor es brannte, und folglich nichs vom Brand mitbekam.«

»Ich glaube, Sie sollten bei uns anfangen«, sagt Kroll und ist sich sogleich bewusst, dass er vermutlich ein wenig zu weit gegangen ist. Er spricht schließlich mit dem Vater einer Toten und nicht mit einem Polizeischüler. Kroll versucht eine Spur sachlicher zu werden. »Ja, wir können mit großer Wahrscheinlichkeit davon ausgehen, dass Ihre Tochter bereits tot war, bevor das Feuer ausbrach. Sehen Sie, die Rußpartikel sind gleichmäßig übers Gesicht verteilt, da hat sich nichts mehr bewegt. Das war bereits eine Totenmaske. Genaueres aber wird die Obduktion ergeben.«

Kroll lässt den Lichtstrahl über das angekohlte Kleid nach unten wandern. Die Mutter hat es über die

Brand mit tragischem Ausgang in G

Am 1. August, gegen 1.35 Uhr, kam es in G Nr. 40 zu einem Brand mit tragischen Folgen. Durch die Einsatzkräfte der Feuerwehr konnte die 20jährige Bewohnerin nur noch tot geborgen werden.

An der Ermittlung der Ursache wird noch gearbeitet. Den eingesetzten Feuerwehren von G und Ebersbach, die mit dem Kommando Feuerwehr am Brandort waren, sowie den Bürgern, die bereits vor dem Eintreffen der Feuerwehr den Brand im wesentlichen ablöschten, wird der Dank und die Anerkennung ausgesprochen. **VPKA**

Kurze Notiz in der Lokalpresse

Schenkel gezogen, soweit es noch irgend ging. Kroll geht erneut in die Knie. »Entschuldigen Sie bitte, aber es muss sein.«

Er hebt den Saum in die Höhe und lässt ihn sofort wieder fallen. Die Mutter schluchzt laut auf.

»Haben Sie den Slip?«

Sie nickt und greift in die Tasche ihres Bademantels. Kroll nestelt eine Plastiktüte aus seiner Jacketttasche, öffnet sie und hält sie der Mutter hin. »Bitte hier hinein. Es ist ein Beweismittel.«

Und nach einer Weile: »Hatte ihre Tochter einen Freund?« Wieder antwortet sie mit einem Schluchzen. Der Vater hinter Krolls Rücken übernimmt die Antwort. Ja, Marlen hatte einen Freund, aber der kommt erst in der nächsten Woche.

»Sie war auf dem Dorffest, sagten Sie. Kann es sein, dass sie einen Jungen mit nach Hause genommen hat?«

»Ausgeschlossen. Marlen hatte keine Augen für andere Kerle.«

»Marlen war ein anständiges Mädchen«, ergänzt der Großvater.

»In diesem Alter macht Gelegenheit Liebe«, sagt Kroll. Er ziehe die moralische Integrität von Marlen keineswegs in Zweifel. Aber er müsse nach Spuren suchen. Wer könnte sie vor ihrem Tod vergewaltigt haben. »Und da es aller Wahrscheinlichkeit nach in ihrem Zimmer geschehen ist, muss sie den Mann eingelassen oder mitgebracht haben.«

»Marlen ist vergewaltigt worden?« Vater und Großvater zeigen sich konsterniert. »Sind Sie sich sicher?«

»Sicher bin ich mir erst nach der Untersuchung durch den Gerichtsmediziner. Aber einige Indizien deuten darauf hin, dass Marlen vor ihrem Tod Verkehr hatte, und da es Verletzungen im Schambereich gibt, geschah das nicht freiwillig, also gegen ihren Willen.«

Kroll geht zurück ins Haus. Die Kriminaltechniker sind bei der Arbeit. Einer hält ihm das Spritzbesteck und Medikamente in einer Plastiktüte entgegen. »Sie war Diabetikerin. Vielleicht hat sie einen Zuckerschock erlitten«, sagt er.

»Dadurch fängt kein Zimmer an zu brennen«, antwortet Kroll lakonisch. »Im Übrigen ist sie vor ihrem Tod vermutlich vergewaltigt worden. Also achtet auf Sachen, die nicht aus dem Zimmer und von dem Mädchen stammen können. Fingerabdrücke inklusive.« Durch die zerborstenden Fensterscheiben sieht er den Krankenwagen nahen. Na endlich, denkt Kroll.

Der Arzt, der den Totenschein auf den 1. August 1988 ausstellt, bestätigt Krolls Vermutung. Die Frau war bereits tot, als es brannte. Beidseits am Hals finden sie rötliche Hautverfärbungen und in den Innenseiten der Augen punktförmige Stauungsblutungen – alles untrügliche Zeichen für die Anwendung von Gewalt. Marlen ist erwürgt worden und nicht an Rauchgasen erstickt. Der Brand wurde vermutlich nur gelegt, um den Mord zu vertuschen.

Genaueres soll die Obduktion ergeben. Diese findet in der Pathologie der Görlitzer Frauenklink statt. An der Untersuchung nehmen Kroll und einer der beiden Kriminaltechniker teil, die Staatsanwältin und die Morduntersuchungskommission der Bezirksbehörde der Volkspolizei. Der Leiter der MUK ist extra aus Dresden herübergekommen. Die Obduktion leitet ein Rechtsmediziner aus Cottbus.

Der Pathologiegehilfe hat die Leiche ausgezogen und gewaschen. Starr und weiß liegt sie auf dem Seziertisch. Auch im Tod ist Marlen ein hübsches Mädchen. Aus dem schmalen Gesicht, das von schulterlangem Haar umrahmt wird, ragt ihre spitze Nase.

Mit dem Skalpell arbeitet sich der Gerichtsmediziner durch den Leichnam. In den Lungen und oberen Luftwegen finden sich keinerlei Rußpartikel, was Krolls Diagnose bestätigt. Auch im Blut gibt es keine Hinweise auf erhöhte Kohlenmonoxidwerte.

Der Tod ist durch gewaltsames Ersticken eingetreten. Hier, der Pathologe weist in den Rachen, sind die Zungenbeine abgerissen. Das obere rechte Kehlkopfhorn ist gebrochen. »Wir sehen zahlreiche unterschiedlich große Blutergüsse am Hals, im Bereich der Kehlkopf-, Speiseröhren- und Mundschleimhaut. Da, da und da.«

Kroll fragt nach: »Das junge Ding wurde also erwürgt?«

»So ist es. Alles andere steht in keinem kausalen Zusammenhang mit ihrem vorzeitigen Ablegen. Nicht die Diabetes – die Befunde der Bauchspeicheldrüsen weisen auf langjährige Erkrankung hin, auf die die Patientin aber vorbildlich eingestellt war.«

»Und die Vergewaltigung?« Diesmal meldet sich der Staatsanwalt zu Wort.

»Ein Tatbestand für sich, aber nicht die unmittelbare Todesursache, sofern das Würgen nicht Teil der Sexualpraxis des Täters war. Es gibt ja solche Typen, denen erst einer steht, wenn der Partner am Verröcheln ist.«

»Könnte es sich hier um die Tat eines solchen Perversen handeln?«

Der Gerichtsmediziner winkt ab. Dann hätten die Kriminaltechniker Schals, Kordeln oder andere Knebelinstrumente finden müssen. »Sie haben doch dergleichen nicht gefunden. Oder?«

Der Krimimaltechniker schüttelt den Kopf. »Nein, nichts davon.«

»Sehen Sie«, wendet sich der Pathologe an das Auditorium, »er hat sie erwürgt. Und ich behaupte: nicht einmal mit Vorsatz. Der Täter wollte sie beschlafen, dagegen hat sie sich zur Wehr gesetzt. Also hat er zugedrückt.«

»Unerhört«, ruft die Staatsanwältin dazwischen. »Hätte sich nach Ihrer Auffassung das Mädchen also freiwillig hingeben sollen, um am Leben zu bleiben? Das kann doch nicht Ihr Ernst sein.«

»Sehr verehrte Frau Staatsanwältin, damit werfen Sie berechtigt eine ethische Frage auf, die zu beantworten jedoch nicht meine Aufgabe ist. Ich sollte hier lediglich untersuchen, woran diese junge und sehr hübsche Frau gestorben ist. Das habe ich präzise demonstriert und vorgetragen inklusive logischer Schlüsse. Ich werde mich weder zum Schmerz der Eltern äußern noch zu den seelisch-traumatischen Folgen von Vergewaltigungen, die nicht auf solche tragische Weise enden. Darüber können wir uns gern austauschen, aber nicht heute und nicht hier, sondern an einem anderen Ort und zu einer anderen Zeit.«

Der Cottbuser Gerichtsmediziner rollt verärgert die Gummihandschuhe ab und wirft sie in einen Behälter. »Sie richten bitte die Leiche soweit wieder her, dass die Eltern von ihrer Tochter in Würde Abschied nehmen können, ohne dabei zu erschrecken«, weist er den Assistenten an.

Inzwischen sind die Ermittlungen angelaufen. Die Dresdner MUK hat zwei Kriminalisten nach Görlitz zur Verstärkung abkommandiert, und die Zuständigen haben zwei kleine Meldungen zur Veröffentlichung in der *Sächsischen Zeitung* bewilligt. Sachlich wird über den Brand informiert.

Die Befragungen im Ort fördern zunächst wenig zutage. Kroll ist davon überzeugt, dass Opfer und Täter sich gekannt haben müssen. Das deutet darauf hin, dass der Mörder aus dem Dorf oder dessen Umgebung stammt, was der Bürgermeister bestreitet. In Grünwald, sagt er im Brustton der Überzeugung und reinen Herzens, lebten nur anständige Menschen und keine Banditen.

Kroll winkt ab. Das träfe gewiss zu, aber wer stecke schon in jeder schwarzen Seele?

Er würde für jeden seine Hand ins Feuer legen, sagt der Dorfschulze.

Vorsicht, sagt Kroll, mit dem Feuer solle der Genosse Bürgermeister besser nicht spielen, wo das endet, habe man ja erst am 31. Juli in seiner Gemeinde erfahren müssen.

Die Befragung der Mutter ist gänzlich unergiebig. Sie steht zwar nicht mehr unter Schock, wohl aber unter dem Einfluss starker Medikamente.

Ein nicht uninteressanter Hinweis kommt vom Onkel, der die Feuerwehr rief. Er glaubt, im Vorüberlaufen einen Mann an einer Kastanie gesehen zu haben. Ihm schien, als habe er das Haus beobachtet, und das keineswegs irritiert oder nervös. Als wenn er gewusst habe, dass da irgendetwas geschehe, und er wollte gleichsam verfolgen, ob das einträfe, was er vermutete. »Habe ich mich klar ausgedrückt?«

Kroll nickt, er hatte ihn durchaus verstanden. Aber vorsichtshalber fragt er nach: »Sie meinen, es könnte der Brandstifter gewesen sein.«

»Möglich wäre es schon.«

»Wie sah er aus?«

»Genosse Oberleutnant, ich habe der Beobachtung wenig Bedeutung beigemessen, ich lief vorbei und wollte die Feuerwehr rufen. Außerdem war es stockdunkel, der Mond war kaum zu sehen.«

»War's ein Mann oder eine Frau? Groß oder klein, alt oder jung, schmal oder dick? Versuchen Sie sich zu erinnern.«

»Tja, wenn Sie mich so fragen: Es war wohl ein Mann, und er war wohl eher jung denn alt und keineswegs füllig.«

»Kannten Sie ihn?«

»Wenn es so wäre, würde ich Ihnen den Namen geben und nicht derart vage Angaben wie diese.«

»Hm«, grunzt Kroll, und klappt sein Notizbuch zu. »Ich danke Ihnen dennoch. Das scheint mir ein wichtiger Hinweis zu sein.«

Marlens Vater hat auch nichts gesehen und gehört, und selbst zur Vorgeschichte vermag er wenig Erhellendes beizutragen. Die Erziehung lag, wie in den meisten Familien, in den Händen seiner Frau. Erst jetzt wird ihm bewusst, wie wenig er über und von seiner Tochter weiß. Nun aber ist es zu spät, er kann nicht mehr mit Marlen reden.

Unerwartet ergiebig hingegen ist die Vernehmung des Großvaters. Schon bald kommt er auf die Sache mit dem 15-jährigen Steinhauer zu sprechen, als der seine zwölfjährige Enkelin sexuell nötigte und er ihm darauf eine überzog.

Naja, naja, hält Kroll dagegen, in diesem Alter müsse man so was nicht allzu ernst nehmen. Wir haben ja alle irgendwie und irgendwann unsere Erfahrungen gesammelt, die gewiss nicht ganz koscher waren. Da habe auch keiner gleich nach dem Staatsanwalt gerufen.

Hat er ja auch nicht, erregt sich der Großvater.

Er habe Selbstjustiz geübt, sagt Kroll.

»Nennen Sie, wie Sie es wollen. Aber so hat man das auf den Dörfern immer geregelt. Aug' um Auge, Zahn um Zahn.«

»Na, diese altbiblische Regel könne ja wohl keine Grundlage für sozialistische Rechtsstaatlichkeit sein«, sagt daraufhin der Genosse Oberleutnant der K Kroll. »Das ist doch vorsintflutlich.«

»So ist doch die ganze Weltpolitik heute, meinen Sie nicht? Dieser Wettrüstungswahn basiert doch auf dem gleichen Prinzip. Baust du Riesen-U-Boote mit Atomraketen, mache ich es auch. Stationierst du Pershing II und Cruise Missiles in Westeuropa, stelle ich meine SS-20 in den Harz und in den Böhmischen Wald. Setzt du mir in der Türkei Atomraketen vor die Nase, mache ich das auf Kuba …«

»Na, das war 1962. Und am Ende haben sich Kennedy und Chruschtschow geeinigt. Moskau zog seine Raketen von Kuba ab und Washington seine aus der Türkei.«

»Beifall, da hat es mal geklappt. Das war die Ausnahme. Die Regel heute lautet: Wie du mir, so ich dir.«

Kroll lächelt. Er fände diese Überlegungen nicht uninteressant und würde sich bei Gelegenheit gern einmal ausführlich mit ihm darüber austauschen. Jetzt aber müsse er vordringlich Marlens Mörder finden, und da höre er, es habe einen Robert Steinhauer gegeben, der vor Jahren kleinen Mädchen in der Schule an die Wäsche gegangen sei.

»Vor Jahren? Genosse Oberleutnant, der ist erst 1986 rechtskräftig verurteilt worden und säße noch immer in Bautzen, wenn es nicht diese Amnestie gegeben hätte.«

»Wofür ist er verurteilt worden?«

»Wegen versuchter Vergewaltigung.«

Kroll pfeift vernehmlich durch die Zähne. »Und wo ist Steinhauer nach der Entlassung hingegangen?«

»Der ist nicht weggezogen. Seine Mutter lebt im Dorf, bei ihr wohnt er auch. Bevor der missratene Bursche einrückte, hat er hier in der MTS gearbeitet. Nach seiner Entlassung haben sie ihn in eine Außenstelle abgeschoben. Aber der hat sich immer im Dorf herumgetrieben. Bei jedem Gemeindefest war er dabei, und im Dorfkrug war er Stammgast.«

»Kennen Sie ihn näher?«

»Was heißt kennen? So gut wie die meisten im Dorf. Er ist ein Großmaul und Weiberheld, aber hat nie eine feste Freundin. Ein Aufschneider eben.«

»Wissen Sie, ob er in letzter Zeit Kontakt zu Ihrer Enkelin hatte?«

»Marlen war seit vier Jahren in Görlitz im Internat. Sie kam nur an den Wochenenden nach Hause, und in der letzten Zeit noch nicht einmal das. Sie hatte einen Freund, den Martin. Der ist bei der Fahne. Meist kommt er nur bis nach Görlitz, die kriegen ja auch nur ein paar Tage Urlaub, die armen Jungs.« Der alte Mann redet sich in Fahrt, wobei er zunehmend vom Thema abkommt. Offenkundig hat er sonst keinen, mit dem er reden kann. So etwas erlebt Kroll häufiger.

»Noch mal zurück zu Steinhauer. Können Sie mit Bestimmtheit ausschließen, dass Marlen mit ihm oder einem anderen Jungen aus dem Dorf etwas hatte?«

»Wer kann schon etwas mit Bestimmtheit ausschließen? Es geschehen täglich zwischen Himmel und Erde Sachen, von denen uns nicht einmal träumt. Da reicht unsere Phantasie nicht hin. Also, mit absoluten Aussagen halte ich mich zurück. Doch in Bezug auf Marlens Verlässlichkeit würde ich meine Dienstmütze als Pfand einsetzen.«

»Wo waren Sie?«

»Bei der Eisenbahn. Ich war Lokführer.«

»Aja.« Kroll verabschiedet sich und fährt ins VPKA nach Görlitz zurück. Dort lässt er sich die Akte von Robert Steinhauer kommen. Er findet alle Aussagen von Marlens Großvater bestätigt. Bräuer hatte seinerzeit ermittelt, doch der ist im Vorjahr versetzt worden. So kurz vor der Rente hatte man ihn noch als BS/K in einen Großbetrieb nach Dresden abkommandiert. Er wollte unbedingt in die Bezirksstadt, nachdem seine Frau plötzlich verstorben und er allein in Görlitz war. Die Kinder leben in Dresden, da lag es nahe, sich dorthin zum Betriebsschutz versetzen zu lassen. Sollte er ihn konsultieren? Ach Quatsch, sagt sich Kroll und greift nach dem Schlüssel seines Dienstwagens. Die Sache ist doch klar wie Kloßbrühe.

Er ruft in der MTS in Grünwald an und fragt, wo er Steinhauer treffen könne.

Geht die Scheiße mit dem schon wieder los, kommt es sofort genervt vom anderen Ende der Leitung.

Kroll fragte den Stations-Direktor, was er damit meine, obgleich er die Antwort weiß.

Ob der Fenstergucker schon wieder was angestellt habe, dass ihm die Kriminalpolizei auf den Fersen ist. Der ist doch erst vor einem halben Jahr aus dem Knast gekommen, fragt der Leiter.

Kroll hält sich bedeckt. Er möchte nur wissen, wo er augenblicklich Steinhauer erreiche, er müsse ihm einige Fragen stellen.

»Zur Klärung eines Sachverhalts, ich weiß«, hört Kroll in der Telefonmuschel.

Genau. Es gäbe einen Sachverhalt, der aufgeklärt werden müsse.

Hängt das mit der Marlen und dem Wohnungsbrand zusammen, kommt es zurück. Das beschäftige die Leute sehr.

»Hören Sie, es handelt sich um laufende Ermittlungen, da darf ich mich nicht äußern.«

»Schon gut, ich frage nicht weiter. Also Steinhauer finden Sie in unserer Außenstelle in Burgsdorf, er müsste dort jetzt anzutreffen sein. Soll ich den Stützpunktleiter informieren, dass er darauf achtet, dass Steinhauer sich nicht vom Acker macht?«

»Um Gottes Willen: nein. Rufen Sie bloß nicht an und sagen, dass jemand von der Polizei käme. Wenn Sie es an die Wandzeitung nagelten, können wir beide sicher sein, dass niemand die Nachricht zur Kenntnis nimmt. Aber wenn Sie es unter dem Siegel der Verschwiegenheit Ihrem Kollegen dort mitteilen, können wir davon ausgehen, dass es binnen von Minuten jeder in der Werkstatt weiß. Steinhauer inklusive.«

Kroll macht sich sofort auf den Weg. Nach etwa einer halben Stunde trifft er auf dem MTS-Stützpunkt ein, das Auto stellt er außerhalb des Betriebes ab. So sieht es keiner. Er meldet sich korrekt beim Leiter an und reicht zur Begrüßung die Hand. »Kroll, Oberleutnant Kroll.« So und so.

Der Schlosser zieht ihn ans Fenster und weist auf einen Belarus. »Da, an dem roten Traktor, das ist Robert Steinhauer.«

Die Beschreibung von Marlens Onkel könnte passen, denkt Kroll. »Ist er in den letzten Tagen irgendwie verändert gewesen?«

»Nicht das ich wüsste«, sagte der Werkstattleiter. »Der war wie immer: große Schnauze und ordentlich gearbeitet.«

»Der Mord an dieser jungen Frau in Grünwald war doch bestimmt Thema auch hier. Hat er sich an den Diskussionen beteiligt?«

»Nö, das nicht. Er hat jedoch ziemlich blöd reagiert, als einer der Kollegen meinte, er habe doch an dem Abend mit dem Mädel getanzt. Vielleicht habe er sie erst flach gelegt und dann tot gemacht? Da hätten Sie mal sehen sollen, wie er dem Kollegen an die Wäsche ging. Normalerweise ist er ein Maulheld, ein Aufschneider. Er ist wie ein Hund, der nur bellt. Bekanntlich beißen die nicht. Hier haben wir zum ersten Mal erlebt, dass er nicht nur bellte, sondern auch zuschlug.«

»Hat Sie das nicht gewundert.«

»Ach, naja, ich würde bestimmt auch so reagieren, wenn einer behauptete, ich hätte Blut an meinen Händen. Im Grunde ist der Junge eine arme Sau. Er rennt seit Jahren seinem Glück hinterher, aber keine Frau hält es lange mit ihm aus. Ich vermute sogar, dass er die Marlen angehimmelt hat. Das würde dagegen sprechen, dass er sie auf dem Gewissen hat, was Sie eventuell glauben.«

»Man kann auch aus Liebe töten.«

»Ja, schon gehört. Aber bisschen ungewöhnlich, finden Sie nicht? Man bringt doch nicht seine Freundin um, weil man sie so schrecklich liebt.«

»Vielleicht war's auch ein Unfall?«

»Aha, Sie haben also doch den Steinhauer im Visier.«

Kroll rollt bedächtig seinen Kopf hin und her. »Ich sage mal so: Wir haben einige Fragen an ihn. Und deshalb werde ich ihn bitten, mich zum VPKA nach Görlitz zu begleiten. Soll ich nach unten gehen und ihn einladen, so wie er ist, oder sagen Sie ihm Bescheid, dass er für heute Feierabend machen kann und noch mal zu Ihnen ins Büro kommen soll?«

»Feierabend um diese Zeit? Wir haben Hochsaison, die Mähdrescher müssen raus.«

»Sagen Sie ihm meinetwegen, dass Sie einen Sonderauftrag für ihn haben, er müsse nach Görlitz, um etwas Wichtiges zu erledigen. Das ist auch eine gute Legende gegenüber den Kollegen. Denn wenn er unschuldig ist, sollten wir vermeiden, dass er unnötig ins Gerede kommt, nicht wahr?«

Der Werkstattleiter nickt. Auch er will Ruhe auf dem Hof und keinen Ärger.

Kroll bleibt am Fenster und verfolgt den Leiter mit Blicken. Der läuft unaufgeregt, aber zielstrebig auf den Belarus zu, an dem Steinhauer arbeitet. Solide Russentechnik, denkt Kroll, da genügen ein Hammer und ein Schraubenzieher als Werkzeug. Wie die T 34. Eine Kanone auf Ketten und ein bisschen Stahl ringsum und keine Naht gerade. Damit haben sie den Krieg gewonnen. Nur das zählte. Kroll sieht, wie der Leiter auf Steinhauer einredet. Der nickt und geht zurück in die Werkstatthalle, vermutlich hat er dort seinen Spind. Der Chef kommt zurück, er blickt zum Fenster nach oben. Er sieht Kroll, reagiert aber nicht. Eine Minute später steht er wieder in seinem Büro.

»So, geht klar, in zehn Minuten wird sich Steinhauer hier melden.«

Während der Fahrt nach Görlitz schweigt Robert Steinhauer. Das kann man so deuten, dass er weiß, was ihn erwartet. Oder aber das Gegenteil ist der Fall: Er hat eine weiße Weste und grübelt nun, was der Grund ist, weshalb er den Oberleutnant zum VPKA begleiten soll. Kroll ist es recht, er will nicht im Auto die Vernehmung beginnen. Das soll in ordentlicher Form in seinem Büro geschehen.

So beginnt denn die Vernehmung mit der Eröffnung, dass gegen ihn ermittelt werde wegen des Tatverdachts der vorsätzlichen Tötung und der Brandstiftung. Aus diesem Grunde werde er vorläufig festgenommen.

Steinhauer reagiert auf diese Eröffnung mit keinem Wimpernschlag. Kroll mustert ihn mit durchdringendem Blick und ist sich sicher: ein harter Hund. An dem wird der Richter noch seine Freude haben. Für ihn selbst steht außer Zweifel, dass Steinhauer der Täter ist. Das passt alles. Und nach der erkennungsdienstlichen Behandlungen wird mit Sicherheit feststehen, dass seine Fingerabdrücke mit denen, die man in der Wohnung und an der Leiche fand, identisch sind.

Die Fragen zur Person und zu den Vorstrafen sind rasch abgehandelt. Kroll beginnt nunmehr die Tat einzugrenzen. Wie ein Wolf umkreist er die Beute. Er behält sie im Blick, wartet auf jedes Schwächeln, um im entscheidenden Moment zuzuschnappen.

»Sie leben bei Ihrer Mutter.«

»Ja.«

»Warum? Sie sind 23 Jahre alt, da haben andere schon eine eigene Familie.«

»Es hat sich noch nicht ergeben.«

»Was? Dass Sie noch keine eigene Wohnung oder dass Sie keine Frau gefunden haben, mit der Sie eine Familie gründen könnten?«

»Beides.«

»Haben Sie eine Freundin.«

»Keine feste.«

»Was machen Sie in ihrer Freizeit?«

»Dies und das. Tanzen am Wochenende, Skat spielen in der Kneipe, Autos reparieren, Fernsehen. Was man halt auf dem Dorf so macht.«

»Ein Hobby aber haben Sie nicht?«

»Dafür habe ich keine Zeit.«

Langsam beginnt Kroll die Kreise enger zu ziehen.

»Sie kannten Marlen?«

»Ja, wie man sich auf dem Dorf halt so kennt. Sie geht in Görlitz zur Schule und war nur selten da.«

»Hatten Sie was mit ihr?«

»Nicht die Bohne. Die war doch in festen Händen. Irgend so ein NVA-Soldat.«

»Haben Sie sich mit ihr mal darüber unterhalten?«

»Warum sollte ich? Und vor allem: wann?«

»Zum Beispiel am letzten Samstag beim Dorffest. Da haben Sie mit ihr getanzt.«

»Ach so. Ja, das stimmt. Zweimal. Am Anfang und dann zum Schluss. Danach ist sie gegangen.«

»Warum? Es war doch erst gegen 23 Uhr. Der Tanz ging bis weit nach Mitternacht.«

»Was weiß ich. Ich habe mit ihr getanzt, dann ist sie gegangen. Okay?«

»Haben Sie sie geärgert, dass sie so früh aufbrach?«

»Womit hätte ich Sie ärgern sollen oder können?«

»Das frage ich Sie.«

»Nein, da war nichts. Wir haben getanzt, Belangloses dabei geredet. Das war's.« Steinhauer wird zunehmend lauter und abweisender. Kroll spürt das.

»Haben Sie gesehen, dass sie den Saal verlassen hat?«

»Ja.«

»Ging sie allein?«

»Nö.«

Kroll schlägt eine schärfere Gangart an. »Hören Sie, ich möchte Ihnen nicht alles wie Würmer aus der Nase ziehen. Es ist in Ihrem Interesse, Licht in die Sache zu bringen. Sie stehen unter Mordverdacht. Ist Ihnen das klar?«

Steinhauer reagiert trotzig. »Dann fragen Sie mich nicht solchen Scheiß. Fragen Sie, ob ich Sie umgebracht habe oder nicht. Und dann sage ich Ihnen: Nein, ich habe sie nicht umgebracht. Ende der Durchsage.«

Kroll bleibt ruhig. »Mit wem hat Marlen den Tanz verlassen?«

»Mit drei Leuten aus ihrer Clique. Zwei Kerlen und einem Mädchen.«

»Namen?«

»Ich kenne die nur vom Sehen.«

»Waren es Klaus Korbella, Uwe Wesel und Karin Fastnacht?«

»Kann sein.«

»Ich kann Sie beruhigen: Sie waren es. Sie haben Marlen bis vor ihre Tür gebracht und sind dann gemeinsam zum Dorfkrug zurück. Dafür gibt es Zeugen. Das nur, falls Sie auf die Idee kommen sollten, die drei zu beschuldigen.«

»Ich beschuldige niemanden. Mein Name ist Hase.«

»Soll ich eine Möhre holen?«

Steinhauer bläst die Wangen auf. »Witzbold.«

»Wann sind Sie gegangen?«

»Weiß ich nicht.«

»Vor Schluss oder mit dem Zapfenstreich?«

»Eher früher.«

»Wieviel früher?«

»Eine Stunde vielleicht.«

»Also gegen 24 Uhr.«

»Kann sein.«

»Kann nicht sein. Es gibt Zeugen, die haben gesehen, dass Sie unmittelbar nach Marlen den Dorfkrug verlassen haben.«

»Unmittelbar ist ja wohl relativ.«

»Ich mache es präziser: Etwa drei Minuten nach ihr.«

»Na schön, ich bin ihr nachgegangen.«

»Warum?«

»Mann, weil ich sie ficken wollte.«

»Hatten Sie Grund zu der Annahme, dass auch Marlen das wollte?«

»Aber hallo. Sie hat mir beim Tanzen das Ohr abgekaut. ›Ich bin so allein, der Martin hat mich mal wieder sitzen lassen. Willst du mich nicht nach Hause bringen, dann machen wir es uns gemütlich undsoweiter.‹ So ging es die ganze Zeit.«

»Und das soll ich Ihnen glauben?«

»Glauben Sie, was Sie wollen. Aber genau so war es. Die war doch wie eine rollige Katze.«

»Warum aber sind Sie dann nicht mit ihr gegangen, sondern ließen sie mit den drei anderen ziehen?«

»Das hat sie so beschlossen. Sie wollte nicht ins Gerede kommen, wenn wir zusammen abpfeifen.«

»Sie sind also hinterher. Und dann?«

»Dann hat sie mich ins Haus gelassen, nachdem die drei Vögel abgeschwirrt sind.«

»Und dann?«

Steinhauer blickt grinsend zu Kroll hinüber. »Neugierig, was? Wollen Sie auch auf Ihre Kosten kommen?«

Oberleutnant Kroll reagiert auf diese Unverschämtheit nicht. »Was ist in Marlens Zimmer passiert?«

»Sie hat das Kleid gehoben und den Slip ausgezogen. Dann griff sie mir an den Schwanz, ich wollte aber nicht mehr, ich hatte irgendwie keine Lust. Das muss sie wohl gespürt haben. Deshalb hat sie mir einen gelutscht, bis er mir stand. Dann hat sie sich aufs Bett gelegt, und ich habe es ihr besorgt.«

»Sie war damit einverstanden?«

»Was heißt einverstanden? Sie, nicht ich wollte ficken.«

»Also Sie wurden von Marlen vergewaltigt und nicht umgekehrt.«

»So kann man es sagen. Ja, das beschreibt den Vorgang sehr treffend. Ich war das Opfer.«

Kroll hört gelassen zu. »Und was ist dann passiert?«

»Nichts. Während ich am Rammeln bin, verdreht sie die Augen und klappt weg. Das ist mir noch nie passiert. Ihnen vielleicht, Herr Kommissar?«

Kroll winkt ab, als verscheuche er eine Wespe. »Was haben Sie gedacht in diesem Moment?«

»Dass sie tot sein könnte, und wahrscheinlich hing das mit ihrer Krankeit zusammen. Ich kriegte jedenfalls die Panik. Was tun? Ich habe dann erstmal eine geraucht und überlegt, dann habe ich mich entschlossen, den Notarzt zu rufen. Konnte ja sein, dass sie nur ohnmächtig war. Ich habe dann die Zigarette weggeworfen und bin zur Telefonzelle gelaufen, um die 115 anzurufen.«

»Bis zum Telefon sind Sie aber nicht gekommen. Es wurde nirgendwo ein Notruf von Ihnen registriert.«

»Naja, ehe ich dort ankam, brannte ja das Zimmer bereits lichterloh. Da dachte ich mir: Nun ist ohnehin alles zu spät, da muss ich mich nicht mehr mit behängen.«

»Sie behaupten also, dass Ihre Zigarettenkippe Marlens Zimmer in Brand gesetzt hat?«

»Vielleicht. Das war ein Unfall, wenn ich sie nicht richtig ausgedrückt haben sollte.«

»Sie meinen im Ernst, das binnen zwei, drei Minuten eine einzige Kippe ein Bett, eine Gardine, Kissen und eine Tischdecke entflammt?«

»Was weiß ich. Mehr kann ich dazu nicht sagen.«

»Dann will ich Ihnen mal was sagen: In der Wohnung haben unsere Kriminaltechniker vier Brandherde festgestellt. Wenn Sie – was Sie ja zugaben – in Marlens Wohnung waren und sich als Urheber des Brandes zu erkennen gaben, dann müssen Sie sich dahingehend korrigieren, dass Sie an vier Stellen Feuer gelegt haben. Und zwar nicht mit einer Zigarettenkippe, sondern mit etwas anderem. Was haben Sie genommen? Streichhölzer, ein Feuerzeug?«

Robert Steinhauer steht mit dem Rücken zur Wand. Ob er nun leugnet oder nicht: Er hat keine Chance. Die Beweise sind erdrückend. Er kapituliert. »Okay«, sagt er, »ich habe die Bude mit meinem Feuerzeug abgefackelt.«

»Vielleicht hätte man Marlen retten können?«

Kroll trifft ein verächtlicher Blick. »Die war mausetot. Das habe ich sofort gesehen. Da war nichts mehr zu retten.«

»Sie wollten mit dem Brand die Spuren der Vergewaltigung und den Mord verwischen. Das war der Grund.«

»Ich sage nichts mehr.«

Kroll drückt die Klingel. Es erscheint ein Polizist in Uniform. »Abführen«, sagt der Oberleutnant.

Brandursache geklärt

GÖRLITZ. Durch intensive Ermittlungen der Kriminalpolizei beim Brand in G vom 1. August (siehe „SZ" vom 2. August) wurde ein 23jähriger Bürger aus dem Kreis Görlitz ermittelt, der den Tod der Bürgerin fahrlässig herbeiführte und anschließend vorsätzlich die Wohnung in Brand setzte. Der Täter befindet sich in Haft. Die Ermittlungen werden fortgesetzt. **VPKA**

Zweite und abschließende Meldung über den Mord

Nach einer Woche in der Görlitzer U-Haft wird Steinhauer nach Dresden verlegt. Dort findet schließlich im ausgehenden Jahr vor dem Bezirksgericht das Strafverfahren gegen Robert Steinhauer statt. Der Prozess findet nicht unter Ausschluss der Öffentlichkeit statt, aber er wird nicht publik. So erscheinen nur die Familienangehörigen und Bekannte. Kriminalisten, Brandursachenermittler werden als Zeugen geladen, der Gerichtsmediziner trägt sein Gutachten vor. Das psychologische Gutachten wird zum Gegenstand der Verhandlung gemacht. Die Fachleute bescheinigen Steinhauer eine gute Intelligenz, auch ordentliche soziale Verhaltensmuster. Allerdings weicht die Wahrnehmung anderer von der Einschätzung des Gutachters ab. Steinhauers Selbstbewusstsein sei unterentwickelt, mit seiner Großmäuligkeit überspiele er lediglich diesen Malus. Gegenüber Frauen habe er einen ausgesprochenen Minderwertigkeitskomplex. Wenn diese Unterlegenheit offenbar werde, reagiere er unbeherrscht. Seine Handlungen in solchen Momenten seien unberechenbar. Dennoch, so schließt der Gutachter, ist Robert Steinhauer voll schuldfähig.

Das Bezirksgericht Dresden verurteilt ihn wegen Totschlags gemäß § 113 Strafgesetzbuch der DDR und wegen vorsätzlicher Brandstiftung gemäß § 186 StGB zu zehn Jahren Haft. Das Urteil wird rechtskräftig.

Marlen ruht auf dem Waldfriedhof in Grünwald.

Ihr Mörder lebt seit seiner Entlassung aus der JVA im Westen.

Inhalt